CYDNABYI

YMWELIAD CYFARFODYDD BLYNYDDOL Undeb yr Annibynwyr Cymraeg â Sir Benfro eleni oedd yr ysgogiad i fynd ati i baratoi'r gyfrol hon. Cyfrol amrywiol ei chynnwys yw hi yn bwrw golwg ar rai o weithgareddau Annibynwyr y Sir ynghyd â dathlu cyfraniad unigolion i gynnal fflam yr achos.

Dyledwr wyf i nifer o gymwynaswyr, rhy niferus i'w henwi, am roi benthyg ffotograffau, rhannu gwybodaeth, rhoi caniatâd i gyhoeddi darnau o ryddiaith a barddoniaeth, a hefyd am ateb yr alwad i roi pin ar bapur (y cyfrifiadur bellach) i fynd ati i hel atgofion. Heb eu cydweithrediad hwy ni fyddai hi wedi bod yn bosibl i fynd â'r maen i'r wal.

Diolch hefyd i Maureen am deipio'r gwaith, i E. L. Jones, Aberteifi am wasanaeth cyfrifiadurol, ac i Lefi a Meinir o wasg Y Lolfa am eu gofal a'u hynawsedd wrth ddwyn y gyfrol i olau dydd.

Eirwyn George
Mehefin 2012

CYNNWYS

CYN-LYWYDDION UNDEB YR ANNIBYNWYR CYMRAEG

(A ANED YN SIR BENFRO NEU'N BYW YN Y SIR ADEG EU TYMOR FEL LLYWYDD)

JOHN DAVIES (SHON GYMRO) 1804–1884

Ysgolhaig yng ngwir ystyr y gair oedd y Parchedig John Davies.

Maged ef yn ffermdy Castell-y-Geifr ar bwys Llanarth a'i dderbyn yn aelod yn Neuaddlwyd pan oedd tua'r deuddeg oed. Cafodd addysg dda yn blentyn. Roedd ei dad yn ddyn o allu anghyffredin a chafodd y mab ei drwytho mewn gwybodaeth cyn iddo fynd i gael ei hyfforddi i fynd yn weinidog yng Ngholeg y Drenewydd a dod yn hyddysg mewn Cymraeg, Saesneg, Lladin, Groeg, Hebraeg a Syrieg.

Urddwyd ef yng Nglandŵr yn 1827 yn weinidog "ar brawf" am chwe mis ac fe arhosodd yno am 39 o flynyddoedd! Gan fod aelodau Glandŵr yn byw mewn cylch eang iawn a llawer ohonynt yn cerdded milltiroedd i'r capel ar y Sul penderfynwyd codi capel Moreia ar fanc Blaen-waun yn 1829 i fod yn chwaer

eglwys i Landŵr ac urddwyd John Davies yn weinidog Moreia hefyd.

Dywedir ei fod yn cynllunio'i bregethau'n ofalus ond bod y bregeth ei hun bob amser yn fyr iawn. Dyn tawel, meddylgar a chynnes ydoedd, yn dyner gyda phobl ac yn gryf ei ddaliadau.

Un dydd Sul ym mis Hydref 1863 bu tro annisgwyl yng Nglandŵr. Methodd y gynulleidfa â mynd i mewn i'r capel am fod y drysau

9

wedi'u cloi a'r allweddi ar goll. Penderfynodd y gweinidog gynnal y gwasanaeth yn yr ysgoldy. Ymhen dyddiau wedyn daethpwyd o hyd iddynt mewn cist un o'r diaconiaid er na wyddai ef ddim am y peth. Mae'n debyg mai rhyw ddyrnaid o bobl oedd wedi cynllwynio i gloi'r drysau fel protest am iddynt gredu, yn hollol ddi-sail, fod y gweinidog wedi cefnogi symud y llythyrdy o bentre Glandŵr i bentre cyfagos Hebron. Penderfynodd John Davies roi'r gorau i fod yn weinidog Glandŵr wedyn a bu'n bugeilio Moreia'n unig am 18 o flynyddoedd.

Daeth yn adnabyddus fel awdur ac o dan yr enw Shon Gymro fe gyhoeddodd nifer o erthyglau ysgolheigaidd mewn amryw o gyfnodolion o bryd i'w gilydd. Ond ei gampwaith, heb os, oedd ei gyfrol *Y Proffwydi Byrion*, cyfieithiad o'r Hebraeg a gyhoeddwyd mewn pum rhan.

Yn 1872 y dechreuwyd cynnal cyfarfodydd blynyddol Undeb yr Annibynwyr Cymraeg. William Rees oedd y Llywydd cyntaf a John Davies oedd yr ail. Esgynnodd i'r Gadair yn 1873 a thestun ei anerchiad oedd "Crist fel Pregethwr".

SIMON EVANS (1824–1885)

Mab i'r Parchedig John Evans, Penygroes oedd Simon Evans. Ganed ef ym Mhen-lan, plwyf Eglwys Wen yn 1824. Oherwydd i'w rieni symud i gartre newydd fwy nag unwaith addysgwyd Simon yn ysgolion Glandŵr, Hebron, Llanboidy ac Arberth.

Ar ôl gadael yr ysgol yn bymtheg oed dechreuodd ar ei waith fel efrydydd am y weinidogaeth yng Ngholeg Caerfyrddin. Wedi cwblhau ei gwrs, a'i dad erbyn hyn wedi symud i fod yn weinidog eglwysi Hebron a Nebo, derbyniodd Simon alwad i fod yn olynydd iddo yn eglwys Penygroes.

Wedi llafurio'n yr eglwys am

11 mlynedd derbyniodd alwad i fod yn olynydd i'w dad eto yn eglwysi Hebron a Nebo. Fe ddaeth hi'n amlwg i bawb ei fod yn ddyn galluog iawn. Roedd e hefyd yn mynnu purdeb buchedd gan ei aelodau bob amser ac yn eu diarddel o'r eglwys am bob math o droseddau. (Gweler "Y Cwrt Bach" yn y gyfrol hon).

Nid dyn y capel yn unig oedd Simon Evans chwaith ond dyn y gymdeithas yn ei chyfanrwydd. Nid oedd unrhyw ddigwyddiad neu achlysur yn yr ardal yn mynd heibio heb iddo roi ei farn arno a gweithredu yn ei gylch os byddai angen.

Dywedir nad oedd yn boblogaidd fel pregethwr yn ystyr gyffredin y gair. Ni fyddai dim addurnol yn ei bregethau. Ni fynnai unrhyw ymgais at newydd-deb i dynnu sylw chwaith. Dyfnder ysgrythurol oedd i'w genadwri o hyd. Ef ei hun a ddywedodd unwaith iddo deimlo ei fod yn ymwneud yn ormodol â'r deall yn ei bregethu ar draul esgeuluso'r teimlad. Pawb at y peth y bo. Roedd siarad plaen yn un o brif nodweddion ei gymeriad. Cynnwys y bregeth oedd yn bwysig i Simon Evans ac nid y saernïo a'r dull o draddodi.

Llafuriodd yn galed yn yr eglwys. Cynyddodd yr achos yn gyflym dan ei weinidogaeth a bu'n rhaid adeiladu capel newydd yn Nebo a Hebron fel ei gilydd.

Yr oedd hefyd yn godwr bore iawn. Ni fynnai aros yn ei wely o gwbl ar ôl pedwar o'r gloch y bore – boed haf neu aeaf – a mynd ati wedyn yn ei stydi i weithio ar ei bregethau tan "amser brecwast" am saith. Ymweld â'r claf, yr oedrannus a'r methedig yn eu cartrefi oedd ei raglen waith yn y prynhawn. Roedd prydlondeb yn bwysig iddo a mynnai fod yn y capel am hanner awr o leiaf cyn dechrau pob oedfa ar y Sul. Bu'n ysgrifennydd y Cyfundeb hefyd am 40 mlynedd.

Dyrchafwyd ef i Gadair yr Undeb yn 1881 a thestun ei anerchiad oedd "Diwinyddiaeth Geiriau Crist".

H T JACOB (1864–1957)

Un o blant Cwm Rhondda oedd Henry Thomas Jacob. Ganed ef yn Nhreorci yn 1864. Gof oedd ei dad ac mae'n amlwg ei fod yn credu mewn disgyblaeth uwchlaw'r cyffredin. Roedd ganddo reolau llym ynglŷn â'r efail: ni châi neb regi neu ddefnyddio iaith anweddus, ni chaniateid diod feddwol yn yr adeilad, ac roedd ganddo delerau pendant nad oedd unrhyw gwsmer i guro'r un creadur. Mae'n amlwg fod y mab wedi ei godi mewn awyrgylch lle'r oedd pwyslais ar foesoldeb a threfn.

Mynychodd H T Jacob yr ysgol leol yn Nhreorci a derbyniwyd ef yn aelod yng nghapel Bethania yn 13 oed. Ymdaflodd i weithgaredd yr eglwys a chymhellwyd ef gan y gweinidog a'r swyddogion i ymgyflwyno i'r weinidogaeth yn ei arddegau. Wedi cyfnod o baratoi yn Ysgol Watcyn Wyn yn Rhydaman aeth yn fyfyriwr yng Ngholeg Lancashire, Manceinion. Gadawodd ymhen dwy flynedd i'w ordeinio'n weinidog Bethel Trecynon. Naw mlynedd yn ddiweddarach derbyniodd alwad i fod yn weinidog Peniel ger Caerfyrddin a symud eto yn 1912 i fod yn weinidog Tabernacl Abergwaun. Bu'n fugail gofalus o'i braidd hyd ei ymddeoliad yn 1934. Ym mynwent y Tabernacl y claddwyd ei weddillion hefyd wedi ei farw yn 1957.

Dywed H T Jacob yn ei *Atgofion* fod cwmwl dros ei fywyd ef a'i briod ar ddechrau ei weinidogaeth yn Abergwaun gan fod May, ei merch fach yn dioddef o gystudd trwm. Deuai'n

amlwg o ddydd i ddydd nad oedd adferiad i fod iddi. Ryw chwech neu saith awr cyn iddi "adael" galwodd ei thad a'i mam i'w hymyl a dweud, "Mi fyddaf wedi mynd cyn y bore, ond rwy am ddiolch i chi'ch dau am roi bywyd mor *lovely* i mi. Gwn y tâl Duw i'r ddau ohonoch."

Erfyniodd eglwys Peniel am gael ei chorff yn ôl i'w gladdu yno gan ddweud, "Ni biau May". Ond bu pobl Abergwaun yr un mor daer eu hapêl hefyd ac ym mynwent y Tabernacl y daearwyd ei gweddillion.

Roedd H T Jacob yn bregethwr anghyffredin. Ymhyfrydai mewn pregethau darluniadol a chartwnaidd eu naws wedi eu cyfuno â hiwmor a ffraethineb. Roedd galw mawr arno hefyd fel darlithydd drwy Gymru benbaladr yn ogystal â diddanu cymdeithasau Cymraeg yn Llundain, Lerpwl, Manceinion, Bryste, Birmingham, Leamington a Chaer. Bu hefyd ar daith yn Ne Affrica a chael y cyfle i ddarlithio yn Johannesburg a Cape Town. Rhai o'i ddarlithiau mwyaf poblogaidd efallai oedd "Hen Gymeriadau", "Darllen" a "Gwlad y Dyn Du".

Ymhlith ei gyhoeddiadau y mae cyfrol o gerddi *Caneuon y Bwthyn, Cofiant Hopcyn Rees* ac *Atgofion H T Jacob.*

Testun ei anerchiad fel Llywydd yr Undeb yn 1932 oedd "Y Natur Ddynol a'r Efengyl".

JOHN OLIVER STEPHENS (1880–1957)

Wyth yn unig o blant Sir Benfro a ddyrchafwyd i fod yn Llywydd Undeb yr Annibynwyr Cymraeg. Mae'n ffaith ddiddorol fod pedwar ohonynt wedi bwrw dyddiau eu plentyndod yn Llwyn-yr-hwrdd. Yr Athro J. Oliver Stephens oedd yr hynaf. Mab ydoedd i'r Parchedig John Stephens a'i briod Martha. Mae'n werth nodi i'w dad fod yn weinidog eglwysi Llwyn-yr-hwrdd, a Brynmyrnach yn ddiweddarach, am 49 o flynyddoedd – ei

unig ofalaeth.

Wedi iddo fynychu Ysgol Tegryn, Oliver Stephens oedd un o ddisgyblion cyntaf Ysgol Sir newydd Aberteifi. Aeth yn fyfyriwr wedyn yng Ngholeg Presbyteraidd Caerfyrddin cyn bwrw pedair blynedd yn y Brifysgol yng Nghaerdydd i gymryd gradd anrhydedd mewn Athroniaeth. Dychwelyd i Gaerfyrddin fu ei hanes eto i raddio mewn Diwinyddiaeth ac ymaelodi wedyn yn fyfyriwr yng Ngholeg Cheshunt, Caergrawnt i sicrhau gradd uwch mewn Athroniaeth.

Ar ddiwedd ei gwrs yng Nghaergrawnt ordeiniwyd ef yn weinidog heb ofal eglwys yn Llwyn-yr-hwrdd cyn iddo ddechrau ar ei waith fel Athro mewn Athroniaeth yn ei hen Goleg yng Nghaerfyrddin. Yn fuan wedyn fe ddaeth Hanes, Athroniaeth Crefydd ac Athroniaeth Gristnogol o dan ei ofal hefyd. Daliodd y Gadair hon am 44 o flynyddoedd. Yn 1917 cymerodd ofal eglwys Heol Undeb, Caerfyrddin a'i gwasanaethu am ddeugain mlynedd.

Roedd Oliver Stephens yn ddarllenwr pybyr a maes ei ddiddordebau yn cynnwys Llenyddiaeth Cymraeg a Saesneg, Ffrangeg ac Almaeneg, Athroniaeth a Diwinyddiaeth ar bob lefel bron. Hoffai deithio i wledydd tramor, Ffrainc a'r Eidal yn fwyaf arbennig, ac roedd ganddo stôr o wybodaeth am drysorau Fflorens a Fenis a mannau eraill ar y cyfandir.

Oherwydd cyflwr ei iechyd ildiodd i orchymyn ei feddyg i dreulio'r flwyddyn 1928–29 yn Awstralia i geisio adennill ei nerth ac ysgrifennodd yn helaeth yn y Gymraeg ar hanes y wlad honno. Yn wir, yn ôl yr hanes mynnai gyfeirio'n aml at Awstralia yn ei ddarlithoedd gan gymell y myfyrwyr (a'i dafod yn ei foch mae'n siŵr) i geisio gwraig o'r wlad honno! Arferai'r myfyrwyr hwythau dynnu ei goes hefyd drwy ddweud iddo ef fethu â denu serch un o ferched Awstralia i fod yn wraig iddo. Dewisodd aros yn hen lanc ar hyd ei oes!

Mae rhestr ei gyhoeddiadau yn ddiddiwedd. Cyfrannodd yn helaeth i'r *Tyst*, *Y Dysgedydd* a'r *Genhinen* ar bob math o bynciau yn cynnwys adolygiadau, portreadau, Cymdeithaseg Gristnogol ac egwyddorion Annibyniaeth i nodi rhai yn unig.

Eto, anaml iawn y byddai'n ysgrifennu ei ddarlithiau. Yn ei farn ef gwaith athro oedd ennyn diddordebau mewn pwnc a deffro chwilfrydedd y disgybl i fynd ati i chwilio'n ddyfnach drosto'i hun. Ehangu maes ei wybodaeth oedd y nod bob amser.

Testun ei anerchiad o Gadair yr Undeb adeg yr Ail Ryfel Byd yn 1942 oedd "Cyfrifoldebau yr Annibynwyr Heddiw".

D J LEWIS (1879–1947)

Un o blant y Frenni Fawr oedd D J Lewis a adwaenir bellach fel Lewis Tymbl. Ganed ef yn nhyddyn Mynydd-bach ar gwr pentre Hermon ar y noson y chwalwyd pont y Tay yn Dundee gan storm o fellt a tharanau ym mis Rhagfyr 1879. Noson ofnadwy yn ôl yr hanes. Arferai Defi John ddweud, "Rwy'n dwli ar darane, bois. Pan own i'n grwt yn y wlad wên i'n dringo i ben coeden i smelo'r fellten." A dywed Ieuan Davies yn ei gyfrol *Lewis Tymbl*, "Bu elfennau'r mellt yn ei lygaid a'r daran yn ei lais gydol ei yrfa gyhoeddus."

Wedi gadael yr ysgol bu'n brentis teiliwr am gyfnod ym mhentre Hermon. Daeth yn drwm o dan ddylanwad Brynach a'r ysgol farddol lewyrchus oedd yn ffynnu yn ardal Llanfyrnach. Dechreuodd ymhél â'r awen gyda chryn lwyddiant ond fe roes y ffidil yn y to yn ifanc. Dywed rhai fod ei ddawn fel bardd wedi ei sianeli i gynnwys a syniadaeth ei bregethau yn ddiweddarach.

Tua throad y ganrif y penderfynodd teiliwr Mynydd-bach ei throi hi tua'r weinidogaeth. Wedi bwrw cyfnodau yn Ysgol yr Hen Goleg, Caerfyrddin; Coleg y Brifysgol, Caerdydd (gradd anrhydedd mewn Hebraeg) a'r Coleg Coffa yn Aberhonddu, derbyniodd alwad i fugeilio eglwys newydd-anedig Bethesda yn

Y Tymbl. Wrth i Brifathro'r Coleg Coffa ddymuno'n dda i'r myfyrwyr oedd yn gadael y flwyddyn honno, pawb yn ei dro, dywedodd wrth D J Lewis, "And I understand that you are going to tumble!" Bu'r gair "tumble" yn achos cryn dipyn o chwerthin i'r gwrandawyr. Y dyddiau hynny, roedd y cannoedd o adar brith oedd yn heidio i'r ardal i weithio yn y pyllau glo, yr ymladdfeydd y tu allan i'r tafarndai, a'r gwrthdaro rhwng y labrwyr a'r meistri adeg y Streic, wedi rhoi enw drwg i'r Tymbl ar dudalennau'r papurau newydd. Pan glywodd ei gyd-fyfyrwyr am yr alwad dywedodd un ohonynt, "Dwyt ti ddim yn mynd i Tymbl o bobman! Ma' nhw'n gwerthu'u cryse yno am beint o gwrw." Ond roedd penderfyniad D J yn ddi-droi'n-ôl. Ordeiniwyd ef yn mis Gorffennaf 1907 a bu'n weinidog yno hyd ddiwedd ei oes.

Fel pregethwr roedd ganddo lais fel utgorn arian a pharabl llithrig oedd yn gafael yn y gynulleidfa. Roedd ganddo'r ddawn hefyd i fathu pennau cofiadwy i'w bregethau a'r bregeth ei hun, bron yn ddieithriad, yn llawn gwirebau o bob math.

Cynyddu a wnaeth rhif aelodaeth yr eglwys hefyd o dan ei ofal o 180 adeg ei ordeinio i 550 ymhen rhai blynyddoedd. Roedd galw mawr arno hefyd i wasanaethu mewn Cyrddau Pregethu oddi cartre drwy gydol y blynyddoedd. Testun ei anerchiad o Gadair yr Undeb 1945 yn Ebeneser, Abertawe oedd "Bwrw'r Draul".

Wedi gwaeledd byr bu farw yn 67 oed ym mis Mawrth 1947 wedi cwblhau 40 mlynedd fel gweinidog yn Y Tymbl. Claddwyd ef, yn ôl ei ddymuniad ei hun, ym mynwent Antioch, Crymych.

JOSEPH JAMES (1878–1963)

Un o blant Dowlais yn Sir Forgannwg oedd Joseph James. Cafodd yrfa academig ddisglair yn blentyn a dechreuodd gymryd diddordeb yng ngweithgareddau capel Pen-y-wern yn ifanc iawn. Wedi cyfnod byr fel disgybl-athro yn Nowlais aeth yn fyfyriwr yn y Coleg Coffa, Aberhonddu a graddio mewn Athroniaeth wedyn yng Ngholeg y Brifysgol, Caerdydd. Dychwelodd i'r Coleg Coffa i astudio ar gyfer B.D., ond fe'i daliwyd gan wres diwygiad 1904–05. Roedd pregethu yn ei waed a derbyniodd alwad i fod yn weinidog Bethesda Ton Pentre cyn cwblhau ei gwrs yn y coleg.

Wedi dwy flynedd yn y Ton teimlai nad oedd awyr fwll y

gweithfeydd yn cytuno â'i iechyd a symudodd i fod yn weinidog Pisga Llandysilio a Bethesda Llawhaden yn 1908. Bu yno am 54 o flynyddoedd tan ei ymddeoliad. Roedd Joseph James yn bregethwr poblogaidd iawn – pregethau darluniadol yn llawn sylwadau bachog oedd yn hawlio sylw cynulleidfaoedd o bob math. Clywais un gweinidog yn dweud yn ddiweddar iddo fynd i'w weld cyn traddodi ei bregeth gyntaf ar ei ffordd i'r weinidogaeth a gofyn iddo, "Beth ddyweda i wrthyn nhw y Sul nesa?" Ei ateb oedd (roedd e'n diodde'n arw o atal dweud), "C-c-cofia dd-ddweud st-st-stori wrthyn nhw ar y dechrau. A honno'n st-stori fydd pawb yn ei d-deall." Gair i gall. Dyna a wnaeth ef ei hun ar hyd ei oes.

Cofiaf amdano yn ei hen ddyddiau. Dyn mawr o ran maintioli ei gorff ydoedd a gwallt gwyn fel eira ar ei ben. Roedd e'n bregethwr emosiynol iawn hefyd. Un funud fe fyddai'n aros ar hanner ei bregeth a'r dagrau'n llifo i lawr ei fochau. Y funud nesaf fe fyddai'n chwerthin nes bod asgell y pulpud yn siglo. Ni fu erioed fwy o feistr ar gyffwrdd teimladau'r gynulleidfa. Ni fu neb erioed yn berchen ar fwy o hiwmor a synnwyr digrifwch chwaith. Roedd bod yn ei gwmni bob amser yn donig i'r meddwl.

Gan ei fod yn bregethwr mor boblogaidd roedd galw mynych arno i bregethu mewn capeli ledled y wlad. Un jôc fawr yn y gymdogaeth oedd mai Byth Adre oedd ystyr y B.A. ar ôl ei enw! Er iddo fod yn weinidog am dros 56 o flynyddoedd ni sgrifennodd bregeth ar bapur erioed. Yn wir, cof eithriadol Dr Tudur Jones fu'n gyfrifol am ddiogelu ei anerchiad o Gadair yr Undeb ar y testun "Cymod" yn 1951 ar gyfer ei chyhoeddi.

Wedi diwedd yr Ail Ryfel Byd roedd y Swyddfa Ryfel wedi bwriadu meddiannu 16,000 o erwau'r Preseli i'w troi'n faes tanio parhaol i'r fyddin. Cododd y trigolion yn gadarn yn erbyn y penderfyniad a bu'n rhaid i'r Weinyddiaeth Amddiffyn roi'r gorau i'r bwriad oherwydd y gwrthwynebiad lleol. Bu nifer o weinidogion y cylch yn amlwg yn y frwydr i amddiffyn y fro ac roedd Joseph James yn un o brif arweinwyr yr ymgyrch. Wedi ei farw yn 1963 gwasgarwyd ei lwch ar lecyn noethlwm uwchlaw pentre Maenclochog a chodi cofeb iddo ar y tir y gwnaeth yntau gymaint i'w ddiogelu.

D J DAVIES (1885–1970)

Wrth deithio ar hyd y ffordd lydan o Aberteifi i Arberth y mae'r pentrefi mawrion Blaen-ffos, Crymych a Chlunderwen yn siŵr o ddenu sylw pob ymwelydd effro. Ond tybed faint sy'n cofio'r daith garlamus drwy Bentregalar? Mae'n wir nad oes yno ond prin hanner dwsin o dai ar fin y ffordd fawr. Digon tebyg hefyd fod y trosglwyddydd teledu tal, unionsyth, wedi peri i'r anghyfarwydd ddyrchafu ei lygaid i'r mynyddoedd. Ond y mae i Bentregalar le pwysig yn hanes llenyddiaeth Gymraeg.

Y lle cyntaf y deuir iddo o gyfeiriad Crymych yw ffermdy Waunfelen. Yma y ganed Daniel John Davies; a dyma gartre bore oes Dr Thomas Rees, yr heddychwr a'r ysgolhaig pybyr, a ddaeth yn Brifathro Coleg Bala Bangor. Pan oedd D J Davies yn ifanc iawn fe symudodd y teulu i ffarm Tycanol, y

lle agosaf at Waunfelen, ac yno y magwyd ef. Gyferbyn â Thycanol y mae Brynceirios, a dyma gartref Dafydd a Bet Nicholas a'u nythaid o blant wedi iddynt symud o'r Llety. Magwrfa beirdd a llenorion oedd Pentregalar ar ddiwedd y bedwaredd ganrif ar bymtheg. Ond D J Davies sy'n hawlio ein sylw yn y fan hon.

Enwau ei rieni oedd John ac Ann Davies. Collodd ei dad yn

ifanc iawn pan fu farw o ganlyniad i ddamwain gyda thrên yng ngorsaf Boncath. Wedi marwolaeth y tad y symudodd y fam a'i thri mab i ffarm Tycanol. Ond daeth rhagor o brofedigaethau i lethu'r teulu. Bu farw'r fam a gadael y tri bachgen yn amddifad. Yn y dyddiau helbulus hyn y cafodd Daniel John brofiad a wnaeth argraff ddofn arno. Gwelodd Dafydd a Bet Nicholas yn agor eu cartref iddynt a rhoi lloches i'r tri phlentyn amddifad ar aelwyd Brynceirios. Nid bychan o gymwynas a meddwl fod llond tŷ o blant yno'n barod. Yr enwocaf ohonynt oedd Thomas Evan y bardd a adwaenid yn ddiweddarach wrth yr enw Niclas y Glais.

Nid oedd pall ar brofedigaethau Daniel John yn blentyn. Yn fuan wedi marw'r fam bu farw ei frawd ymhen blwyddyn, a'r brawd arall ymhen blwyddyn wedyn. Gadawyd ef ar ei ben ei hun y tro hwn a bu'n rhaid chwalu'r nyth yn Nhycanol. Trefnwyd iddo fynd i fyw at chwaer ei fam a'i phriod ar ffarm Aberdyfnant yn Llanfyrnach.

Yng nghapel Annibynnol Glandŵr roedd y teulu'n addoli. (Yn ysgol Glandŵr y cafodd Daniel John ei addysg fore hefyd). Y Parchedig P R Price, y gweinidog, a'i cymhellodd i fynd i'r weinidogaeth. Wedi bod yn fyfyriwr yng Nghaerfyrddin, graddio mewn Hebraeg yng Ngholeg y Brifysgol, Caerdydd a bwrw tymor yn y Coleg Coffa yn Aberhonddu, derbyniodd alwad i fugeilio Capel Als, Llanelli. Ordeinwyd ef yn 1916. Ceir stori ddiddorol am ryw gymeriad yn dweud wrtho ar ddydd ei ordeinio: "Rwyt ti wedi dechrau ar ben yr ysgol. Os cwympi di o'r fan honno fe fydd yn gwymp mawr". Ond mynd o nerth i nerth fu hanes y gweinidog newydd yng Nghapel Als. Cyrhaeddodd yr eglwys uchafbwynt rhif ei haelodaeth o 1007 yn ystod ei weinidogaeth ef, a bu yno hyd nes iddo ymddeol yn 1958.

Daeth i amlygrwydd yn gynnar fel bardd o safon, roedd yn un o olygyddion y *Caniedydd* 1960, ac fe'i dyrchafwyd yn Llywydd yr Undeb yn 1957. Testun ei anerchiad oedd "Y Coleg Diwinyddol yn y Sefyllfa Gyfoes".

E CURIG DAVIES (1895–1981)

Un arall o blant y Frenni Fawr oedd Curig, y gŵr a osododd garreg sylfaen Tŷ John Penry, a'i ddatblygu i fod yn gartref Undeb yr Annibynwyr Cymraeg. Brawd iddo oedd y Parchedig Tegryn Davies, Aberporth, ac roedd y Parchedig D J Davies Capel Als yn gefnder iddo hefyd.

Ganed ef yn nhyddyn Tresaeson ym mhlwyf Clydau cyn i'r teulu symud wedyn i Aberdyfnant yn ardal Llanfyrnach. Derbyniodd ei addysg fore yn ysgolion Tegryn a Glandŵr. Un o blant Llwyn-yr-hwrdd ydoedd ac wedi iddo symud i Aberdyfnant daeth yn aelod yn eglwys Glandŵr. Bu'n brentis saer am gyfnod byr wedi gadael ysgol ond o dan anogaeth ei weinidog, y Parchg P E Price, aeth yn fyfyriwr yn Ysgol yr Hen Goleg a Choleg Presbyteraidd Caerfyrddin.

Bu'n weinidog yn Berea, Bynea, Llanelli (1917–21); Capel Sul, Cydweli; Tabor, Llansaint a Soar, Mynydd-y-garreg (1921–35) ac Ebeneser, Bangor a Salem, Hirael (1935–42).

Yn ystod ei gyfnod yn Llanelli y bu iddo fanteisio ar y cyfle i gofrestru'n fyfyriwr rhan-amser ac ennill gradd yng Ngholeg y Brifysgol yn Abertawe.

Ond ei waith mawr, heb os nac oni bai, oedd fel Ysgrifennydd amser-llawn Undeb yr Annibynwyr Cymraeg o 1942 hyd 1964. Wedi dechrau ar ei waith yn Swyddfa'r Undeb yn Northampton

Place, Abertawe, drwy ei weledigaeth a'i ddycnwch ef yn bennaf, y prynwyd adfeilion Capel yr Iarlles Huntingdon oedd wedi ei ddinistrio gan fom adeg y Rhyfel, i godi Tŷ John Penry yn Heol Sain Helen. Datblygodd i fod yn swyddfa'r Undeb, siop lyfrau a gwasg argraffu a chyhoeddi. Wedi i'w dymor fel Ysgrifennydd yr Undeb ddod i ben derbyniodd alwad i fod yn weinidog yn eglwys Henrietta Street Abertawe o 1964 hyd 1971.

Bu'n olygydd nifer o gyhoeddiadau o bryd i'w gilydd yn cynnwys y cyfrolau *Llef y Gwyliedydd* a *Cofiant Brynach* a chyfnodolion fel *Y Cyfarwyddwr* a *Tywysydd y Plant*. Ymhlith y toreth o lyfrau a ysgrifennodd ar gyfer ieuenctid yn bennaf y mae *Y Morwr a'r Merthyr* (hanes John Williams y cenhadwr) a *Storïau am Annibynwyr*. Aeth ati hefyd i dalfyrru dwy o nofelau Daniel Owen: *Enoc Huws* a *Gwen Tomos*.

Testun ei anerchiad o Gadair yr Undeb yn Heol Awst, Caerfyrddin, 1965 oedd "Efengyl Iesu Grist, a'r Byd Heddiw".

W RHYS NICHOLAS (1914–1996)

Un o blant pentre Tegryn a chapel Llwyn-yr-hwrdd oedd Rhys Nicholas. Saer maen oedd ei dad, pregethwr cynorthwyol, a chefnder i'r bardd a'r pregethwr, T E Nicholas. John Rees, ei brifathro yn Ysgol Tegryn fu'n ennyn ei ddiddordeb mewn llenyddiaeth Gymraeg. Daeth yn gyfarwydd â phregeth a chwrdd gweddi yng nghapel Llwyn-yr-hwrdd yn ogystal ag ymdoddi i fwrlwm y Gymdeithas Ddiwylliadol yn ifanc iawn.

Rhoes ei fryd ar fynd i'r weinidogaeth. Wedi cyfnod yn Ysgol Baratoi Castellnewydd Emlyn fe'i derbyniwyd yn fyfyriwr yng Ngholeg y Brifysgol, Abertawe, lle graddiodd gydag Anrhydedd yn y Gymraeg. Bu'n fyfyriwr wedyn yn y Coleg Presbyteraidd,

Caerfyrddin, gan gymryd gradd mewn Diwinyddiaeth. Ar derfyn ei yrfa yn y coleg apwyntiwyd ef i swydd yn Llyfrfa'r Annibynwyr yn Abertawe lle bu'n cynorthwyo'r Parchedig E Curig Davies am ddwy flynedd; a chael ei ordeinio yn ei fam-eglwys yn Llwyn-yr-hwrdd.

Derbyniodd alwad i fugeilio Eglwys y Bryn, Llanelli yn 1947 a symud ymhen pum mlynedd i gymryd gofal eglwysi Horeb a Bwlch-y-groes ger Llandysul. Yn 1965 fe'i denwyd i fod yn weinidog ar eglwys y Tabernacl, Porthcawl. Bu yno hyd ei ymddeoliad yn 1982.

Roedd Rhys Nicholas yn fardd medrus yn y mesurau rhydd a chaeth fel ei gilydd. Cyhoeddodd ddau gasgliad o'i farddoniaeth: *Cerdd a Charol* (1969) ac *Y Mannau Mwyn* (1985). Eto i gyd, fel emynydd y byddwn yn meddwl amdano'n bennaf. Ef, ar wahân i Elfed, yw emynydd Cymraeg mwyaf cynhyrchiol yr ugeinfed ganrif. Yn ddi-os, cyhoeddi ei gyfrol *Cerddi Mawl* (1980) oedd penllanw traddodiad emynyddol Gogledd Sir Benfro. Ei emyn mwyaf poblogaidd yw "Mawrhad i Grist" a genir ar y dôn "Pantyfedwen".

Un o brif gymwynasau Rhys Nicholas â llenyddiaeth Gymraeg oedd adfer y salm fel ffurf lenyddol. Y mae ganddo un adran gyfan o salmau amrywiol eu cynnwys yn y gyfrol *Cerddi Mawl*, ac ymddangosodd nifer o salmau eraill o'i eiddo mewn cyhoeddiadau diweddarach. Ond mynnai ef ei hun mai fel golygydd y bu ei gyfraniad mwyaf i'n llenyddiaeth. Ymhlith y pentwr o lyfrau a chylchgronau y bu'n eu golygu o bryd i'w gilydd y mae *Y Genhinen* (cyd-olygydd am bymtheg mlynedd) a *Cyfansoddiadau a Beirniadaethau* yr Eisteddfod Genedlaethol yn y De am ddeng mlynedd. Cyhoeddodd nifer o lyfrau safonol o'i waith ei hun hefyd (heblaw ei gyfrolau o farddoniaeth) yn cynnwys *The Folk Poets* yn y gyfres *Writers of Wales; Oedfa'r Ifanc; Gweddïau a Salmau* a *Thomas William Bethesda'r Fro*.

"Maen Prawf ein Cristnogaeth" oedd testun ei anerchiad o Gadair yr Undeb yn 1982.

MORGAN ISLWYN LAKE (1925–)

Mae'n wir i ddweud fod dau o gyn-lywyddion Undeb yr Annibynwyr yn blant eglwys Ebeneser, Wdig. Eglwys sydd bellach wedi cau ei drysau. Ganed Islwyn Lake yng Nglasfryn, Llanwnda yng nghymdogaeth Pen-caer. Ef oedd mab ieuengaf Morgan David ac Annie Jessie Lake.

Addysgwyd ef yn Ysgol y Cyngor, Llanwnda a elwid yn Ysgol

Henner ar dafod yr ardal. Ei dad oedd y prifathro ar y pryd. Wedi iddo fynd yn ddisgybl yn Ysgol Sir Abergwaun y daeth Islwyn i gysylltiad â'r Dr Stanley John, a bu'r ddau yn gyfeillion agos ar hyd eu hoes. Yn wir, fe ddaeth y ddau yn aelodau yr un pryd yn eglwys Ebeneser a'u tywys i blygu glin gyda'i gilydd yn y sêt fawr.

Mae'n werth nodi hefyd fod yr eglwys wedi ei henwi ar ôl Ebeneser Griffiths, tad-cu Islwyn Lake, gŵr oedd â rhan flaenllaw yn sefydlu'r achos yn Ebeneser. Yn Ysgol Sir Abergwaun y daeth Islwyn yn drwm o dan ddylanwad D J Williams, ei athro Cymraeg. Ef, yn anad neb arall, a daniodd ei Gymreictod a'i droi'n wladgarwr pybyr. Daeth yn drwm o dan ddylanwad y Parchedig Irfon Samuel, ei weinidog yn Ebeneser hefyd. Ei bregethau ef dros heddwch a'i gwnaeth yn heddychwr digymrodedd am weddill ei oes.

Nid yw'n syndod yn y byd felly iddo fod yn wrthwynebydd cydwybodol adeg yr Ail Ryfel Byd. Ar ôl iddo gael ei alw i ymddangos o flaen y tribiwnlys cafodd ei ryddhau o wasanaeth milwrol ar sail ei ddaliadau heddychol. Ymunodd wedyn â gwasanaeth ambiwlans y Crynwyr gan weithio yn Lloegr ac ar y cyfandir. Cafodd ei ddal hefyd am gyfnod yn garcharor rhyfel.

Wedi bwrw ei ddyddiau coleg ym Mangor a graddio yn y Celfyddydau ac mewn Diwinyddiaeth, eglwys Bethania, Treorci oedd ei ofalaeth gyntaf. Ar ôl treulio deng mlynedd ymhlith glowyr Cwm Tawe trodd ei olygon tua'r Gogledd a sefydlwyd ef yn weinidog eglwysi Bethania, Blaenau Ffestiniog a Charmel Tanygrisiau yn 1963. Gadawodd ardal y chwareli i ddechrau ar ei weinidogaeth yn eglwys Bethlehem, Cadle, Fforest-fach yn 1970 a'i bwrw hi'n ôl i gyfeiriad y Gogledd wedyn ymhen deuddeng mlynedd i fod yn weinidog Aberhosan, Penegoes, Machynlleth a Llanwrin yn Sir Drefaldwyn. Arhosodd yno hyd at ei ymddeoliad yn 1994.

Mae'n iawn i ddweud iddo fod yn ddyn prysur ar hyd ei oes. Nid oes diwedd ar restr ei weithgareddau: aelod o Gyngor a Phwyllgor Gweinyddol Undeb yr Annibynwyr, golygydd *Y Tyst*, Ysgrifennydd Cyfundeb Maldwyn, aelod ar bwyllgor y Genhadaeth Dramor, Cadeirydd Cymdeithas y Cymod ac ysgrifennydd y cyd-bwyllgor i uno Colegau'r Annibynwyr, i nodi rhai yn unig.

Testun ei anerchiad fel Llywydd yr Undeb ym Morthmadog, 1991 oedd "Ymateb i'r Ysbryd".

Ar ôl gorffwys ar ei rwyfau fel gweinidog symudodd ef a'i briod Gwyneth Mary i gartrefu ym Mhorthmadog a'r ddau yn ymfalchïo yn y ffaith fod ganddynt 19 o wyrion.

E STANLEY JOHN (1924–2007)

Dywed y Parchedig Desmond Davies yn ei ysgrif goffa i Stanley John *(Blwyddiadur Undeb yr Annibynwyr)*: "Collwyd un a wnaeth gyfraniad tra sylweddol i dystiolaeth y pulpud Ymneilltuol yng Nghymru, i addysg ddiwinyddol yn y colegau ac i'n dealltwriaeth o hanfodion Athrawiaeth Gristnogol." Dyma grynhoi'r cyfan mewn un frawddeg gynhwysfawr. Yr un

fath ag Islwyn Lake, un o blant Ebeneser, Wdig ydoedd, ac fe ddaeth ef hefyd o dan ddylanwad D J Williams yn Ysgol Sir Abergwaun. Y Parchedig Irfon Samuel, gweinidog Ebeneser, a'i cymhellodd i ymgyflwyno i waith y weinidogaeth. Derbyniodd ei addysg a'i hyfforddiant yng Ngholeg y Brifysgol, Caerdydd a Choleg Presbyteraidd Caerfyrddin.

Dyna gylch ei weinidogaeth: Sardis, Trimsaran (1950–1954); Hebron, Clydach (1954–1970); Soar, Llanbedr Pont Steffan (1970–1973); a Harrow, Llundain (1973–1977).

Yn 1977 penodwyd ef yn Athro Athrawiaeth Gristnogol yng Ngholeg Bala Bangor. Yn y cylch academaidd dylid nodi iddo gymryd gradd yn y Celfyddydau ac mewn Diwinyddiaeth yng Ngholeg Prifysgol Cymru, gradd Meistr mewn Diwinyddiaeth o Brifysgol Iâl, a gradd Doethur Prifysgol Cymru yn 1987.

Profodd ei hun yn athro rhagorol ym Mangor. Roedd ganddo'r ddawn i gyflwyno'i fater mewn dull eglur, cofiadwy a diddorol. Yn wir, yn amlach na pheidio, fe fyddai'n derbyn cymeradwyaeth y myfyrwyr ar ddiwedd ei ddarlith. Daliodd swydd Deon y Gyfadran hefyd am dair blynedd.

Yn 1988 symudodd o Fangor i Aberystwyth i'w ddyrchafu'n Brifathro cyntaf Coleg yr Annibynwyr Cymraeg. Bu iddo ymddeol o'r swydd honno yn 1992 a dychwelyd am gyfnod i fugeilio Sardis, Trimsaran, ei eglwys gyntaf yn y weinidogaeth. Yn ddiweddarach, dychwelodd at ei wreiddiau i fyw ym mhentre Wdig.

Cyfrannodd erthyglau ysgolheigaidd ar bynciau crefyddol i gylchgronau a chyfnodolion yn cynnwys *Y Dysgedydd, Porfeydd, Y Tyst, Y Cristion* a'r *Cofiadur*. Ymhlith yr anrhydeddau a dderbyniodd o bryd i'w gilydd oedd y gwahoddiad i annerch cynhadledd Annibynwyr y Byd yn Beverly, Massachusetts yn 1985 ar y testun "Joy in Revelation". Testun ei anerchiad o Gadair yr Undeb yn 1992 oedd "Cristionogaeth Radical".

Ni fu erioed gwmnïwr mwy diddan a'i sgwrs bob amser yn ddiddorol ac yn llawn hiwmor. Ychydig cyn iddo ein gadael anfonodd nodyn i'w weinidog, y Parchedig Menna Brown, yn nodi rhai cyfarwyddiadau ynglŷn a'i wasanaeth angladd.

Ysgrifennodd ar ddiwedd ei lythyr: "Nid oes ofn marw arnaf oherwydd mi a wn i bwy y credais." Mae'n arwyddocaol hefyd fod baner y ddraig goch yn chwifio ar ei hanner ar dŵr coleg y Brifysgol ym Mangor fel arwydd o barch iddo ar ddiwrnod ei gynhebrwng yn Amlosgfa Parc-gwyn.

ANNIBYNIAETH Y BRYNIAU

Llwyfannwyd y cyflwyniad 'Annibyniaeth y Bryniau' yn Hen Gapel, Maenclochog adeg cynnal cyfarfodydd Undeb yr Annibynwyr Cymraeg yn Eglwysi Godre'r Preselau 1990. Rhaglen oedd hi ar ffurf dilyniant o eitemau ar lafar ac ar gân yn bwrw golwg ar dwf Annibyniaeth yn y cylch ar hyd y blynyddoedd gyda chymorth sain a sleidiau. Dyma ddetholiad o'r darnau comisiwn.

TŶ CWRDD BRYNBERIAN
(un o addoldai cyntaf yr Annibynwyr)

Pan oedd y nos yn gor-doi bryniau'r Sir,
'Roedd ysbryd Annibynia wrth ei waith
Yn ymlid niwloedd y tywyllwch hir,
A chynnal yr arloeswyr ar eu taith;
Gosodwyd maen ar faen i godi teml
I Dduw a fu'n bendithio eu crwsâd,
A gwŷr y mynydd wrth yr allor seml
Yn diolch am arweiniad a rhyddhad:
Erys y muriau a fu'n herio oed
Tair canrif, eto'n gadarn ar y Bryn,
A deil addolwyr ffyddlon fel erioed
I gyrchu'r capel dros y llwybrau hyn.
Mae'r Hen Dŷ Cwrdd yn tystio yn ddi-baid
Fod grym y dechrau yn parhau o'n plaid.

D J Thomas

CÂN GRISTNOGOL

Bu seintiau yn y broydd hyn
  A'u ffydd yn llosgi'n fflam,
Yn cyrchu at y seintwar hen
  A mangre'r Sant di-nam;
Eu cred a'i daliai hwy yn gryf
  Ar hyd y ddyrys daith,
A'u moliant oedd i'r Arglwydd Dduw,
  Creawdwr daear faith.

Eu moliant yn y broydd hyn
  Dros lawer canrif fu,
Pan godwyd temlau hardd i'r Iôr,
  Pan ddaeth bendithion lu;
Atseiniodd hyfryd donnau'r mawl
  Dros lethrau'r bryniau hen,
A'r Ffydd yn ysbrydoli dawn
  Artistiaid celf a llên.

A heddiw, yn y broydd hyn,
  Mae'r fflam o hyd yn fyw,
Ffyddloniaid sydd yn tyrru 'nghyd
  I roddi diolch i Dduw;
Fe'i molant am ei ryfedd ras
  A'i gysgod i bob oes,
Mynegi'n glir y maent eu cred
  Yn Iesu Grist a'i groes.

W Rhys Nicholas

ANNI, BEN A DOD

A glywsoch chwi gyfeillion
Am Anni, Ben a Dod?
Wel dyma'r cefndir gorau
I gofio'r teulu od.

Bu tylwyth Anni'n flaengar
Yng nghapel bach y cwm,
A rhai o'i hen gyndeidiau
Ymhlith ei harwyr trwm.

Bu hithau'n cyrchu yno
I ddrachtio moddion gras,
Ond am ryw achos surbwch
Aeth hwnnw yn ddi-flas.

Bu Ben yn llusgo hefyd
Hyd lwybrau'r Ysgol Sul,
Nes mynd ohonno'n ffermwr
Rhy fras i'r feidir gul.

Ond pan ddaeth Dod yn oedran
I'w dderbyn, d'wedodd Ben,
"Mae'n bryd ei wneud yn aelod,
Rhag dyfod arnom sen."

A draw aeth Anni'n drymlwyth
I weld y proffwyd clên,
I brynu tocyn nefoedd
Rag iddo golli'r trên!

'Roedd yntau'n fwy na pharod
I'w fachu gyda brys,
Ond iddo ddod yn ffyddlon
I'w baratoi am fis.

Yn sgil yr holl hyfforddiant
Derbyniwyd Dod dan sêl,
A byth er oedfa'r 'contract'
Bu yntau'n aelod cêl.

Mae Anni erbyn heddiw,
A Ben, dan falchder trwm
Fod eto aelod cyflawn
Yng nghapel bach y cwm.

Pan alwodd y Pen-bugail
Ymhen rhyw flwyddyn od,
Fe gafodd barti-harti
'Da Anni, Ben a Dod.

"Pryd cawn eich gweld yn Salem?"
Medd yntau, gwas y Gair,
"Fe ddown i gyd," medd Anni,
"Ar ôl y c'naea' gwair!

Mae Dod yn hynod brysur
A'i ddyddiau megis ffair,
Ond daw cyn hir i'ch gweled
A'i ddarpar briod, Mair."

"Ond beth amdanoch chwithau
A Ben? Chi ddim yn sâl."
"Fe ddown, yn wir," medd Anni,
"Ni fyddwch heb eich tâl!

Bu Nhad a Taid yn ffyddlon
I'r swper wrth y bwrdd,
Ac ni ddaw byth 'run diwedd,
Mi wn, ar fynd i'r cwrdd."

Aeth yntau'r bugail hirben
I'w siwrnai gyda nòd,
Gan adael achos Iesu
I Anni, Ben a Dod.

D Gerald Jones

HEDDYCHWYR Y PRESELI

Unig oror hen gewri
O her i her a fu hi,
Anturus ym mhob taro
Fu'r rhai hyn o fryn i fro,
Diguro o blaid gwerin
Eu gair hwy mewn garw hin.

Oni wybu Carnabwth
Yn nhir hon am estron rhwth
Yn rhoi arswyd y clwydi
Mewn ardal i'w hatal hi;
A gwelodd Pentregalar
A'i herwau gwyllt arwyr gwâr.

Yma codwyd proffwydi
Cryf eu cred i'w harbed hi;
Cofia gwlad safiad eu sêl
A'u hafiaith rhag pob rhyfel;
Rhodder clod geiriau iddynt
I'w mawrhau am her eu hynt.

Ond trwm ydoedd tramwy
Un o dir y Crugiau Dwy?
Solet fel y Preseli
Awen gref Niclas a'i gri,
Heriai ble mewn amser blin
Â'i siarad dros ei werin.

Ni wnaeth erlid gofidus
Na'i sarhad droi Tomos Rhys,
Proffwyd na chafwyd praffach
Ei air ef, heddychwr iach,
A'i weithred fel Prifathro
Mor sicir â Frenni'r fro.

Diryfel fo'r Preseli
A iaith hedd ei lledrith hi,
A chryf fo her ei chrefydd
Ar hen ffordd dewrion y Ffydd
Na ildiodd eu gwroldeb,
Foel hen hud, i afael neb.

D Gwyn Evans

BETH YW GWAITH PREGETHWR HEDDI'?

Beth yw gwaith gweinidog heddi'?
Anodd dweud mewn gair rwy'n ofni,
Ond fe geisiaf 'nawr gofnodi
Rhai o'i ddonie dirifedi.

Dawn i ddenu plant 'da stori –
Rhaid cystadlu â'r teledu;
Dysgu côr cydadrodd wedyn,
Meim neu ddrama fel bo'r gofyn.

Trefnu angladd, trefnu priodas,
Sgwennu rhaglen, gwneud cymwynas;
Oddi cartre'n fynych, fynych,
Yn ôl Mari a'i sbienddrych.

Mynd i'r 'sbyty i weld Beti,
Hithe'n adrodd yr holl stori,
Adre'n frysiog, seinio 'wyllys,
Cwrdd deconied – arbed creisis.

Rhaid bedyddio pob rhyw fabi
A mawr ganmol y rhieni –
Boed hwy'n ffyddlon – neu'n annheilwng –
Call bob amser yw ymostwng.

Beth yw gwaith gweinidog, felly,
Pan nad ydyw yn pregethu?
Bod yn was i bawb a phobun –
Onid ef yw gwas y Duw-ddyn?

Nest Llwyd

ATGOFION

H T JACOB 1864–1957
Gweinidog Tabernacl Abergwaun 1912–34

Ym more f'oes, a hyd at gyfnod enbyd y rhyfeloedd a welodd yr oes hon, roedd y Gymanfa leol a sirol yn atyniad mawr. Ar y maes agored y cynhelid llawer ohonynt, onid i gyd.

Y drefn gyda ni, Annibynwyr, yn siroedd y de, ydoedd cynnal cynhadledd y prynhawn cyntaf o'r ddeuddydd; yna pregethu yr hwyr nid yn unig yn y lle a'u gwahoddai ond mewn eglwysi cylchynol, o bob enwad. Ceisient ddau bregethwr, yn aml, i chwech neu fwy o eglwysi. Gollyngid y gweision, felly, o'r canolfan fel llwynogod Samson gynt i osod meysydd eraill ar dân.

Yr oedd tair pregeth yn yr un oedfa yn beth digon cyffredin yr adeg honno. Pregethais i fy hun, lawer gwaith, yn un o dri.

Hyd y cofiaf, y tro cyntaf i mi bregethu yn un o dri yn yr un oedfa, ydoedd yn oedfa olaf agoriad Capel y Glyn, Glyn-nedd, yn 1892. Y tri oedd y Parch. William James, Abertawe, y Parch. H Elfed Lewis, Llanelli a minnau. Bu raid i Mr James gael pregethu'n gyntaf er mwyn dal y trên i fynd adref. Felly rhwng y ddau y pregethais i.

Yr arferiad ynglŷn â'n cymanfaoedd gynt oedd dewis rhai i bregethu o'r rhai a ddaethent i'r ŵyl. Ni chytunid ymlaen llaw â neb, fel y gwneir heddiw. Yr oedd pawb yn barod i bregethu os byddai galw, ac yn fodlon ar beidio – heb ddigio – oni ddeuai galw. A dyna'r ysbryd.

Daeth i'n rhan ni yn Abergwaun i wahodd y Gymanfa Dair Sir yn 1919, y gyntaf wedi'r rhyfel. Bu heb ei chynnal ym mlynyddoedd yr heldrin. Rhoes yr eglwys a'r gymdogaeth groeso diguro iddi, a daeth cynrychiolaeth nodedig o'r eglwysi ynghyd. Bu yn Gymanfa Fawr mewn gwirionedd. Yn fawr yn ei chynulliadau, yn fawr yn ei phregethu ac yn ei gwrando.

Bu cynhadledd y diwrnod cyntaf am 2 o'r gloch, pregethu'r

hwyr a'r capel dan ei sang. Heblaw hyn aeth nifer o bregethwyr allan i'r cylchoedd. Yna yr ail ddydd – oedfa am 7 o'r gloch y bore – a'r capel yn llawn, wedyn mewn pabell am 10, 2 a 6, a dau bregethwr ym mhob oedfa. Daliai'r babell ddwy fil a hanner, ond yr oedd yn llawer rhy fechan i'r dorf. Dywedai'r prif heddgeidwad wrthyf fod yno o leiaf dair mil a hanner.

Atgofion H T Jacob, Tŷ John Penry

DILLWYN MILES 1916–2007
Un o blant Ebeneser, Trefdraeth. Troes yn eglwyswr yn ddiweddarach yn ei oes.

Eglwyswyr oedd teulu fy mam ond yr oedd tylwyth fy nhad wedi troi i'r capel, er eu bod yn disgyn o linach offeiriaid Eglwys Wen a Meline, cyn iddynt fynd i Forgannwg yn ystod y cyfnod diwydiannol. I Ebeneser, Trefdraeth yr âi fy nhad ac, fel y digwyddodd, yno yr âi fy nghyfeillion yn yr ysgol, ac yno yr euthum innau, yn hytrach nag i'r eglwys. Cychwynnais yn yr Ysgol Sul yn y festri, a debygwn i'r 'oruwch-ystafell' gan ei bod uwchben tŷ gofalydd y capel, yn nosbarth Sarah Harries, Dwryfelin, hen ferch yr oedd ei hwyneb yn debyg i un hipopotamws, ac yn debyg o ran corffolaeth hefyd, ond yn fwy nag addfwyn tuag atom ni'r plant bach. Gyda'i bys cam, cyfeiriai at enwau'r lleoedd ar y map o Balesteina a oedd yn hongian uwch ein pen a dweud: 'Dyna Nasareth, a dyna Bethlehem, a dyna Jeriwsalem. Ma' stryd'odd Jeriwsalem wedi'u palmantu ag aur.' Cofiais ei geiriau pan gyrhaeddais Jeriwsalem adeg y Rhyfel, ond yr oedd ei heolydd o'r un defnydd â heolydd eraill, ac wedi eu baeddu ag olew ceir a biswail asynnod a chamelod.

Ar y wal ar y pen arall i'r festri crogai *Curwen's Modulator* ac ar hwnnw fe'n gwnaed i ddysgu d.d.r.m. yr emyn 'Boston' a d.m.f.s. 'French' a d.d.d.d.r.m.r.d. 'Yr Hen Ganfed'. Yr oedd, ac y mae, yr hen nodiant mor ddieithr i mi â hieroglyffau'r Ffaro. Yn y festri hefyd cyfarfyddem ar gyfer y Cwrdd Bobl Ifainc, a chyfarfodydd gweddi yn ystod yr wythnos, a bryd hynny byddem yn aros i'r drws agor yn efail Tomos Harries y Gof gyferbyn, i wylio'r gwreichion yn tasgu o'r eingion pan fyddai'n curo darn o haearn i wneud pedol neu lunio gât, a chlywed yr hisian pan fyddai'n ei roi yn y dŵr i'w glaeru. Meddyliwn mai efail felly yr oedd Longfellow wedi ysgrifennu amdani, er nad oedd hi o dan 'A spreading chestnut tree', a chefais siom o'r mwyaf pan welais honno yn nhref Portland yn Maine.

Unwaith yr oedd y Pasg wedi mynd heibio, byddem yn cael ein paratoi ar gyfer y Gymanfa Bwnc a byddem yn dechrau dysgu pennod o'r Beibl, neu rannau ohoni, i'w hadrodd ar y Llungwyn. Rhennid y bennod yn ôl dosbarthiadau'r Ysgol Sul ond byddai'r holl ysgol yn côr-ganu'r penillion cyntaf, gyda'r codwr canu yn taro'r cywair trwy godi'i Feibl ryw fymryn. Yna byddai'r merched bach yn adrodd eu rhan hwy ac yn llefaru'r geiriau yn y modd y dysgodd ei hathrawes iddynt, ond bloeddiai'r bechgyn lleiaf eu darn yn hyderus. Byddai'r merched hŷn yn rhuthro drwy eu geiriau'n ffrydlif i geisio cuddio eu swildod, ac ymhlith y bechgyn o'r un oedran byddai nodau ansoniarus y rhai yr oedd eu lleisiau'n torri. Llefarai'r canol oed, o'r ddau ryw, gyda chydbwysedd pwyllog. Yna'r hen wragedd, gyda'u pwysleisiau bwriadus fel eliffantod yn troedio tua'r gorwel, hyd nes iddynt newid cywair nes yr oedd yr ysgol gyfan yn adrodd y penillion olaf yn fuddugoliaethus, ac yn gorffen yn sydyn gan adael distawrwydd llwyr.

Bob yn ail flwyddyn cynhelid y Gymanfa Bwnc ym Mrynberian lle'n dygid mewn bws ar hyd y ffordd droellog. Byddai'r bechgyn yn cael siwt newydd ar gyfer y Sulgwyn a'r Pwnc, ac wedi cyrraedd y pentrefan byddai'r ceiniogau yn llosgi yn ein pocedi nes cael mynd i'r siop i brynu lolipops a photel o lemonêd: yr oedd yn rhaid gofyn i wraig y siop wasgu'r farblen yng nghwddf y botel i lawr gan nad oedd ein bysedd yn ddigon cryf. Mynd wedyn, ar draws Banc y Bryn a amgylchynid a pherthi'r tresi aur, i'r capel. Perchid y capel am mai ef oedd capel hynaf yr Annibynwyr yn yr ardal. Yr oedd mor hen fel ei fod wedi ei godi ar lun beudy gyda dau ddrws ar un ochr, ac yr oedd stabl drws nesaf gyda gwynt ceffylau yn dod ohoni.

Gyferbyn gorweddai'r fynwent lle tyfai mefus gwylltion dros y beddau. **Dygai** un o'r cerrig beddau enw fy hen hen dad-cu: ni wn hyd heddiw pam y claddwyd ef ym Mrynberian yn hytrach nag ym mynwent eglwys Meline.

Ar ôl i ni orffen gyda'r Pwnc, byddem ni'r bechgyn yn mynd am yr afon a thorchi'n llewys fel y gallem ogleisio brithyllod. Wedyn mynd yn ôl i gyntedd y capel gyda chynffonnau'r brithyllod a ddaliasom yn sefyll allan yn amlwg o boced frest y siwt er mwyn gwneud argraff ar y merched. 'Doedd yr argraff a gafodd fy mam, ar ôl i mi fynd adre', ddim yn foddhaol o achos, heblaw'r pysgod, a oedd yn dechrau gwynto erbyn hyn, yr oedd y siwt newydd wedi'i difwyno gan laid a llaca, a gwely cynnar oedd y gosb.

Gweinidog Ebeneser oedd y Parchedig Ben Morris, a gwae i'r neb a fyddai'n ei anfodloni. Esgynnai i'r pulpud uchel a thrwsio'i fwstás llydan cyn tynnu'r *pince-nez* o'i boced a'i glanhau a'i gosod ar ei drwyn bwaog. Taflai olwg dros y gynulleidfa gyda'i lygad curyll, fel pe bai'n ein cyfrif cyn bod ei lais cadarn yn llanw'r capel wrth nodi'r emyn agoriadol. Cofiaf un cyfarfod, ar hwyrddydd tesog – mae'n debyg mai amser y Pwnc oedd hi, gan ein bod ni fechgyn yn eistedd ar ffrynt y galeri. Cafodd Picton, y mwyaf drygionus ohonom, afael mewn rhosyn melyn ac aeth i dynnu ei betalau a'u gosod yn rhes ar y sil o'n blaen. Osiodd Wil ei frawd fynd i'w chwythu, ond trawodd Jim ef ar ei gefn nes iddo chwythu'n ddifwriad gan achosi i'r petalau ddisgyn yn gawod euraid ar y gynulleidfa ar y llawr. Yr oedd Ben yn barod i godi hwyl yn ei bregeth ac arhosodd ar ganol gair, ond yn lle mynd yn danwyllt, fel y disgwylem, dywedodd yn dawel ac yn bwyllog na allai'r rhai a oedd yn amharchu Tŷ'r Arglwydd ddisgwyl maddeuant, heb sôn am fywyd tragwyddol. Gyda hynny, dyma fflach llucheden a tharan yn taranu nes bron hollti'r capel. Ddywedodd e ddim rhagor, ond mynd ymlaen â'i bregeth gan ein gadael ni i hel meddyliau.

Eirwyn George (gol) *Estyn yr Haul.* Barddas 2000

J DERFEL REES

Un o blant Bethel, Trewyddel. Gweinidog Tabernacl a Llandeilo Maenclochog 1957-60

Roedd pentre Trewyddel o fewn ergyd carreg neu ddwy i'r môr, ryw filltir, a bod yn gywir, ar hyd Feidr Ceibwr, a'r hyn a gofiaf yn bennaf yw'r dyddiau heulog o hafau hirfelyn, a hen arfer a ffynnai'r adeg honno pan oeddwn yn grwt. Ar ddiwedd yr oedfa hwyrol ym Methel arferai'r gynulleidfa gyfan, yn hen ac ieuainc, yn wŷr a gwragedd, yn oedolion a phlant, fynd am dro ar hyd y lôn gul i lan y môr. Eisteddem am orig ar y glaswellt ar frig y clogwyni – y 'patsyn glas', fel y'i gelwid – yn wynebu'r môr a'r traeth, yn gwylio ymchwydd diderfyn y cefnfor, yr hen yn sgwrsio â'i gilydd, yn trafod y bregeth a materion llosg y dydd, a'r plant yn rhedeg o gwmpas gan chwarae a chwerthin yn iach, y bechgyn ieuainc yn slei bach yn pryfocio'r merched, ac ambell un yn ymorol am gariad.

Cyn hir, byddai pawb yn closio at ei gilydd fel pe'n reddfol. Trawai'r codwr canu nodau cyntaf emyn cyfarwydd ac ymunai pawb yn eiddgar i ganu, ie, canu, am fod gennym ryw syniad – prun a oedd yn gywir ai peidio sydd fater arall, ond fe allem dyngu ei fod yn effeithiol ar y pryd – fod miwsig yn denu ac yn swyno ein ffrind mawr, yr hen forlo. Coeliwch fi neu beidio, prin y byddem wedi gorffen emyn neu ddau nag y byddai'r hen frawd yn codi'i ben urddasol, bonheddig uwchlaw'r dŵr, ac fe allem daeru ei fod yn goleddu'i ben mewn ystum a ymddangosai'n od o debyg i rywun yn gwrando'n astud ar y gân. A thyngai un hen wraig yn ein plith mai "Yn y dyfroedd mawr a'r tonnau" oedd ei hoff emyn, yn cael ei chanu wrth gwrs ar Dôn y Botel. A pham lai nad oedd gan yr hen forlo ddiddordeb mewn miwsig?

Blas ar fyw, Tŷ John Penry, 1980

DEWI W THOMAS 1917–2010

*Un o blant Llwyn-yr-hwrdd. Troes at yr Eglwys yng
Nghymru yn 17 oed.*

Y gweinidog cyntaf y cofiaf amdano, yn Llwyn-yr-hwrdd,
oedd John Stephens — tad yr Athro J Oliver Stephens o Goleg
Presbyteraidd Caerfyrddin. Brith gof sydd gennyf amdano
fel hynafgwr patriarchaidd yn tyfu dwy locsen ac yn gwisgo
sbectol ac iddi wydrau hirgrwn. Yr oedd hi'n arfer, bryd hynny,
i'r plant fynd ymlaen i'r sêt fawr i adrodd adnodau ar ddiwedd
gwasanaeth, a'r cof cliriaf sydd gennyf amdano yw ei weld wedi
disgyn o'i bulpud a'r plant yn hanner cylch o'i amgylch. Ofnaf
na chafodd erioed y fraint o'm clywed i'n adrodd adnod wrtho
rhagor na'r gweinidog a ddaeth i'w ddilyn. Yr oeddwn yn rhy
nerfus i wneud dim yn gyhoeddus yn fy nyddiau cynnar.

Dywedir bod John Stephens yn holi'r plant mewn cymanfa-
bwnc yn rhywle pan oedd pennod y Bugail Da yn faes llafur. Gan
nad oedd ardal Llanfyrnach yn ardal ddefaid er bod y ffermio
cymysg a arferid yno bryd hynny yn cynnwys cadw ychydig
o ddefaid, ni ddefnyddid y term 'bugail' ar dafod leferydd y
gymdogaeth. Hynny y mae'n debyg oedd yn gyfrifol am yr
ateb lletchwith a dderbyniodd John Stephens i'w gwestiwn:
"Petaech chi yn 'y ngweld i mewn parc yn llawn o ddefed beth
fyddwn i?" Yr ateb a dderbyniodd oedd, "Hwrdd". Y mae'n
ddigon tebyg fod ei gysylltiad â Llwyn-yr-hwrdd wedi hybu'r
amryfusedd.

Yr oedd Cymdeithas Ddiwylliadol Llwyn-yr-hwrdd yn un o'r
goreuon o'i bath, a chymdeithasau diwylliadol, yn gyffredinol,
yn un o'r cyfryngau addysgiadol a chymdeithasol mwyaf
buddiol a fu erioed. Cymdeithasau oeddent i bawb o bob
oedran, a byddai amrywiaeth y gweithgareddau yn sicrhau bod
rhywbeth at ddant pawb. Cynhelid y cyfarfodydd ar nos Wener,
yn y festri, a byddai honno'n llawn, a rhai'n ddigon bodlon
sefyll yn y cefn drwy gydol y nos.

Y mae gennyf ryw syniad mai'r peth cyntaf a wneuthum
yn gyhoeddus oedd darllen papur ar Christopher Columbus,

ar wahân i adrodd rhyw ddarn bach sentimental pan oeddwn dipyn yn iau. Rhywbeth yn debyg i 'Uchelgais y Plant' oedd teitl y 'pishyn', yn sôn am deulu o blant yn adrodd eu huchelgais, a'r groten leiaf yn cipio'r dorch drwy ddweud mai ei huchelgais hi oedd, 'aros gartre yn forwyn fach i Mam'. Pa sut y'm darbwyllwyd i drechu fy swildod a'm nerfusrwydd cynnar i wneud eithriad o'm diffeithdra i'r cyfeiriad hwnnw drwy adrodd y darn crybwylliedig, sy'n parhau'n ddirgelwch i mi. Ond felly y bu, a da gennyf groniclo imi gael encôr a'm bod wedi ailadrodd yr un dernyn. Yr oedd y Prifardd Tomi, awdur Awdl Eisteddfod Rhydaman ar 'Y Twrch Trwyth', yn perthyn i'r gymdeithas ac yn aelod ffyddlon yn Llwyn-yr-hwrdd. Enillais unwaith mewn cwrdd cystadleuol am adrodd darn o 'Elusengarwch' Dewi Wyn o Eifion, a chofiaf fod Tomi wedi sibrwd yn fy nghlust, wrth fy mod yn dychwelyd i'm sedd wedi derbyn swllt neu chwe cheiniog o wobr, 'Nid felna ma' adrodd cynghanedd.' Nid peth newydd sbon, felly, yw barnu beirniaid. Yr oedd brawd Tomi – Y Parchedig D Gwyn Evans a'r Parchedig W Rhys Nicholas yn perthyn i'r gymdeithas hefyd.

Nid oes gennyf fawr o amynedd at y feirniadaeth o'r capeli eu bod yn nydd eu ffyniant yn rhoi mwy o bwyslais ar ddiwylliant nag ar grefydd. Ymestyniad o'u crefydd oedd y diwylliant a'r adloniant. Nid yw crefydd nac eglwys sy'n amcan ynddi ei hunan yn cyflawni diben ei bodolaeth. Amcan bodolaeth yr eglwys yw hyrwyddo Teyrnas Dduw a gorseddu ei gyfiawnder a'i gariad ef drwy'r byd benbaladr ac yn ei holl weithgareddau.

Canon Dewi W Thomas,
Cysgodau'r Palmwydd, Tŷ John Penry, 1988

T E NICHOLAS 1879–1971

Gweinidog, bardd a heddychwr a faged ym Mhentregalar nid nepell o bentre Crymych.

Pan oeddem yn blant nid oedd gennym ddim i benderfynu daioni dyn ond y capel. Os oedd dyn yn mynd i'r cwrdd yn gyson, a pheidio â meddwi ar ddydd ffair ac arwerthiant, a pheidio â rhegi yng nghlyw plant, yr oedd yn ddyn da wrth y safon a oedd gennym ni blant i fesur daioni. Os oedd yn rhegi, a gweithio ar y Sul, ac aros gartref o'r cwrdd, tynnem y casgliad nad oedd yn ddyn da. Nid oedd y peth yn rhy glir i mi ambell waith. Yr oedd rhai o ffyddloniaid y capel yn ddynion anodd eu hoffi, a rhai o'r paganiaid yn ddynion hoffus dros ben. Ond rhaid oedd i ni blant dderbyn y safonau, a chymryd yn ganiataol fod aelodau eglwys yn ddynion da a rhai heb fod felly yn ddynion drwg. Cymerodd rai blynyddoedd i mi weld i olion yr hen ardd droi'n anialwch ac i fangre'r rhedyn a'r grug droi yn dir gwenith. Ond hynny a ddigwyddodd. Gweld pethau drwy sbectol traddodiad ardal yr oeddem ni blant yn ei wneuthur. Dyna ffordd dynion o edrych ar bethau ac yr oedd eu safonau yn ddigyfnewid.

Arwr a dyn sanctaidd yr ardal oedd Simon Evans, Hebron. Dyn a phawb yn ei ofni hyd yn oed pan na phechent; ac i'r pechadur yr oedd yn ddychryn gwirioneddol. Dewisai adnodau cyfaddas i'w bregethau angladdol a hawdd gwybod beth oedd barn Simon Evans am yr ymadawedig wrth glywed y testun.

Cofiaf amdano unwaith yn mynd ar hyd y ffordd fawr a redai drwy waelod ein tir ni, a ninnau blant yn casglu llus duon bach dipyn yn uwch i fyny. Cofiaf i ias o ddychryn fynd drwy fy nghefn pan ddywedodd un o'm chwiorydd hynaf, "Dyma Simon Evans yn dod, dowch i ni guddio'r ochr arall i'r clawdd." Rhyw bum mlwydd oed oeddwn ar y pryd hwnnw, a chredaf weithiau mai dydd Sul ydoedd. Os nad dydd Sul ydoedd pam yr oedd yn rhaid i ni guddio am fod gŵr Duw yn dod, os nad i ddangos y parchedig ofn a oedd ar bawb pan oedd Simon Evans yn agos.

Pregethwr sych ydoedd yn ôl y traddodiad amdano. Cofiaf y tro cyntaf i mi fynd i'r Gogledd i bregethu i gyrddau mawr, pregethu gyda W J Nicholson, Porthmadog, a'r bore Mawrth dilynol, yr oedd y gŵr annwyl hwnnw yn dod yn ôl yn yr un trên â mi ar y pryd, ac yr oedd y pregethwr enwog wrth ei fodd yn dangos ac yn enwi pob lle i mi a dweud rhyw stori neu hanes amdano. Pan ddaethom i ardal y Borth a dechrau teithio drwy Gors Fachno, meddai, "Dyma Gors Fachno". Gwyddwn am yr enw, ac onid oedd bardd o'r enw Machno a'i enw'n adnabyddus i mi?

"Felly wir," meddwn innau. "Gwn am yr enw."

"Y mae'n gors wlyb iawn, ac y mae'n anodd ei sychu. Y maent wedi ceisio ei sychu lawer gwaith a gwario llawer o arian i roi trefn arni."

"Felly wir," ebe finnau.

"Yr ymgais ddiwethaf i'w sychu oedd dyfod â Simon Evans Hebron i bregethu uwch ei phen," meddai.

Gwyddai fy mod yn hanu o ardal Simon Evans, a chredaf mai'r pryd hwnnw y gwelais i ystyr tynnu coes a jôcs Nicholson am y tro cyntaf. I ni blant, Simon Evans oedd y gair olaf mewn sancteiddrwydd a daioni, ac yr oedd ei ddigio'n fwy peryglus na digio Duw.

Eirwyn George (gol) *Estyn yr Haul*, Barddas, 2000

PIGION O ANERCHIADAU LLYWYDDION YR UNDEB

JOSEPH JAMES
Cymod

"Cred yn yr Arglwydd Iesu Grist, a chadwedig fyddi".

Y mae'n werth i ni geisio cael crap ar yr hyn olygai'r "Cred" yma, sydd â chymaint o sôn amdano yn y Beibl. Y mae *technique* credo wedi methu â gweithio rywfodd yn ein bywyd am ein bod wedi methu â chredu yn iawn – methiant mewn dyfnder a cwaliti. Y mae ein methiant rywbeth tebyg i fethiant y bachgen bach hwnnw yn arholiad yr Ysgol Ganolradd. "Basiodd y boi bach yr *exam*?" "Naddo," ebe'r tad. "Naddo, bu'n dost am hir a chollodd lot o ysgol, ac fe aeth y cwbl yn *pitch black* arno yn yr *exam*." Côr wedi cynnig mewn 'steddfod ac wedi colli, ac er wedi colli heb gael cam. "Beth hapiodd? Lle mae'r wobr?" "O," meddai'r arweinydd, "fe sharpodd y *tenors* ar *page three*, ac fe aeth y côr i gyd ma's o diwn. Dim digon o bractis, dim digon o bractis."

Rhaid cael practis cyn ennill gwobr. Rhaid gweithio'n galed i fynd heibio i lefel prentis. Os am sefyll yn ddi-gryn yn nydd yr ystorm, ac atal pethau i fynd yn *pitch black* ac allan o diwn yn y dydd blin rhaid bod wrthi yn ddyfal drwy lawer awr. Un oedfa'r Sul, neu dim oedfa o gwbl; cwrdd gweddi wedi ei ddileu oddi ar y llyfrau: y Beibl ddodwyd yn y pecyn pan gychwynnaist flynyddoedd yn ôl o gefn gwlad am y ddinas fawr i ennill dy damaid – hwnnw heb ei agor, neu yn anfynych iawn, ers tipyn bellach, Does ryfedd yn y byd ein bod yn ysglyfaeth i ofnau a phryderon, a bod drycsawr delfrydau marw yn dy ardd. Dim practis! Y prentis bach yn bwnglers ac yn tincera. Dyna'r hanes. Nid felly y dysgasoch Grist.

Y Bala, 1951

W RHYS NICHOLAS
Maen Prawf ein Cristnogaeth

Rhaid lladd ein balchder cyn y gall cariad Duw ddod i achub ein henaid. Unwaith erioed y clywais i'r diweddar Dr Tegla Davies yn pregethu, a'r tro hwnnw fe soniodd amdano yn treulio gwyliau yn Sir Drefaldwyn. Un bore wrth gerdded allan yn y wlad fe aeth heibio i dyddyn a chael sgwrs â'r bugail oedd yn byw yno. Gyferbyn yr oedd llethrau serth, ac fe sylwodd Tegla fod yna un ddafad wedi crwydro i ddarn bach glas i fyny'n uchel ar ochrau'r mynydd, a roedd hi'n ymddangos y byddai'n anodd iawn iddi ddod oddi yno.

"Chi biau'r ddafad yna?" gofynnodd Tegla.

"Ie, mae wedi crwydro i le anodd wrth chwilio am flewyn glas."

"Ddaw hi ddim odd'na 'i hunan?"

"Na, fe fydd yn rhaid mynd lan i'w mofyn."

Ymhen deuddydd arall roedd Tegla yn mynd heibio i'r un tyddyn, ac er syndod iddo fe welodd fod y ddafad yn yr un man o hyd. A phan gwrddodd â'r bugail dyma fe'n dweud wrtho ar unwaith: "Dydych chi ddim wedi bod i fyny i mofyn y ddafad!"

"Na," meddai'r bugail, "ddim eto. Ond mae popeth yn iawn. Petawn i wedi mynd i fyny y diwrnod y crwydrodd hi i'r llecyn bach yna, roedd y borfa'n flasus iddi a hithau yn ei chryfder. A mi fyddwn i wedi cael tipyn o drafferth i'w hachub. Ond rŵan, mae wedi bwyta'r borfa las i gyd, ac y mae wedi blino a gwanhau. A bore 'fory pan af lan i'w mofyn, fe fydd yn ddigon parod i ddod odd'na."

Ac y mae'r stori fach yna yn ddameg o'r hyn sy'n rhaid iddo ddigwydd cyn fod cariad Duw yng Nghrist yn cael gafael arnom ni. Cyhyd ag y byddwn ni'n teimlo'n siŵr ein bod ni'n iawn, ac yn gyfiawn, ac yn ddoeth ac yn dda ni all y cariad mo'n hachub. Ond unwaith y dechreuwn ni deimlo'n annheilwng ac annigonol, unwaith y sylweddolwn ein bod ar ein pennau ein hunain yn wan, yn ffôl, yn hunanol a

43

balch, fe gawn weld y wyrth yn digwydd a chariad Iesu yn cynhesu ein calonnau.

Pontardawe, 1982

E STANLEY JOHN
Cristionogaeth Radical

Duwioldeb confensiynol, nid gwadiad angerddol, sydd fwyaf atgas gan Dduw.

Cynhyrfwyd Nietzsche, yr athronydd o Almaenwr, gan feddalwch a rhagrith Cristionogaeth ei ddydd, ac mewn geiriau gwawdlyd, creulon, angerddol condemniodd y Gristionogaeth honno. "Oni chlywsoch," meddai, "am y gwallgofddyn a gyneuodd lamp ar ganol dydd, a rhedeg i'r farchnad a llefain yn uchel, 'rwy'n chwilio am Dduw, rwy'n chwilio am Dduw'? Gan fod rhai yn sefyll yno na chredent yn Nuw, parodd ei ymddangosiad ddifyrrwch mawr iddynt. 'A yw E' ar goll?' meddai un; 'A yw E' wedi crwydro fel plentyn?' meddai arall. 'A yw E' wedi ymfudo?' Llygadrythodd y gwallgofddyn arnynt, a gofyn, 'Ble mae E' wedi mynd?' Fe ddywedaf wrthych, 'Ryn ni wedi ei ladd E', chi a fi ... a sut yn awr y gallwn gysuro'n hunain ... pa ddŵr all ein gwneud yn lân? Onid yw'r nos yn dod? Onid yw'n rhaid inni gynnau lanternau ar ganol dydd...?' Distawodd y gwallgofddyn, ac edrych eto ar ei wrandawyr, taflodd ei lamp i'r llawr ac fe dorrodd yn ddarnau mân. Yn ddiweddarach y dydd hwnnw fe aeth y gwallgofddyn i mewn i lawer o eglwysi, ac wrth gael ei arwain allan ohonynt a'i holi, gofynnodd, 'beth yw'n heglwysi, os nad beddrodau Duw'. Wrth gwrs, 'roedd Nietzsche yn rong wrth iddo ddweud fod Duw wedi marw, ac eto, yn ei gamgymeriad yr oedd yn nes at Dduw na'r rhai a'i condemniai. Ac os na all ein harwain at y gwir, gall ein cadw rhag y gau, rhag Cristionogaeth swyddogol, gonfensiynol sy'n ceisio trwy driciau a phariseaeth wisgo gwedd Cristionogaeth y Testament Newydd, y math o Gristionogaeth sy'n wrthun gan Dduw ac sy'n sarhad arno.

Abertawe, 1992

Y TRIAWD CYFOES

Gair o brofiad yr awdur y tro hwn. Wrth fynd ati i hel achau ar gyfer llunio coeden deulu deuthum o hyd i ddarn o wybodaeth ddiddorol iawn. Bu'r Parchedig Rees Perkins (1812–89), hen hen dad-cu imi, yn weinidog eglwysi Annibynnol Hen Gapel, Maenclochog a Seilo, Tufton am 38 o flynyddoedd a ganed iddo ef a'i briod Mari dri o blant – Martha, Jonathan a Benjamin. Tipyn o syndod imi, a dweud y lleiaf, oedd sylweddoli fod un o ddisgynyddion uniongyrchol pob un ohonynt yn weinidog yr Efengyl heddiw – y Parchg Glyn Owen, y Parchedig Ddoctor Cerwyn Davies a'r Parchg Geoffrey Eynon.

Brodor o Gilymaenllwyd oedd Rees Perkins yn wreiddiol ac fe symudodd i ffarm y Blacknuck ar gyrion pentre Maenclochog wedi iddo gymryd gofal yr eglwysi yn 1852. Symudodd yn ddiweddarach i Green Park, tŷ capel Seilo, a chladdwyd ei weddillion ym mynwent y capel wedi ei farw yn 79 oed.

Troi i fyd amaeth a wnaeth Jonathan, Martha a Benjamin wedi iddynt briodi. Aeth Jonathan i ffermio Blaenwern yn ardal Tufton, cartrefodd Martha ar ffarm Pen-banc, Casfuwch, a dychwelodd Benjamin i ffermio hen gartre'r teulu yn y Blacknuck.

PARCHEDIG GLYN OWEN

Un o ddisgynyddion llinach Jonathan yw'r Parchedig Glyn Owen. Ganed ef ym Mlaenwern yn 1919 yn fab i William John a Ceinwen Owen. Symudodd yn ddiweddarach i fyw gyda'i dad-cu a'i fam-gu ar ffarm Y Martell a chodwyd ef i bregethu yn eglwys Bethel (Methodistiaid Calfinaidd) ym mhentre Casmael. Bu'n weinidog eglwysi Presbyteraidd yr

Heath, Caerdydd; Lyons Street, Belfast; Westminster Chapel yn Llundain ac eglwys Bresbyteraidd Knox, Toronto tan iddo ymddeol yn 1987.

PARCHEDIG DDOCTOR CERWYN DAVIES

Disgynnydd o linach Martha yw'r Parchedig Ddoctor Cerwyn Davies. Ganed ef ym Mhenbanc, Cas-fuwch yn 1928 yn fab i Hugh a Gertrude Davies cyn i'r teulu symud yn ddiweddarach i ffermio yn Tufton Arms yn ymyl capel Seilo. Yn eglwys Seilo hefyd y codwyd ef i bregethu a bu'n weinidog gyda'r Annibynwyr yng Nghapel y Glyn, Glyn-nedd; Horeb, Casllwchwr a Tabernacl, Hwlffordd. Yn 1963 ymfudodd i Ganada a bu'n gweinidogaethu yn Eglwys Unedig Grand Valley, Ontario; Eglwys Unedig Brandford, Ontario; Eglwys Unedig Iondale

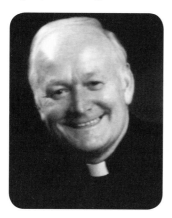

Heights, Toronto ac Eglwys Unedig Gymraeg Dewi Sant, Toronto. Yn 2008 dychwelodd i'w gynefin i fod yn weinidog gofalaeth newydd Cymdeithas Annibynwyr Bro Cerwyn yng ngogledd Sir Benfro. Ar derfyn tair blynedd o weinidogaeth lewyrchus dychwelodd ynghyd â Nora, ei briod i gartrefu yn ei wlad fabwysiedig yng nghymdogaeth Toronto.

PARCHEDIG GEOFFREY EYNON

Un o ddisgynyddion Benjamin yw'r Parchg Geoffrey Eynon. Ganed ef ym mhentre Maenclochog yn 1953 yn fab i Glyn a Rose Eynon a'i godi i bregethu yn yr Hen Gapel o fewn tafliad carreg i'w gartref. Dewis bwrw ei wreiddiau yn ei filltir sgwâr a wnaeth Geoffrey Eynon ac ordeiniwyd ef yn weinidog eglwysi Annibynnol Penybont, Cas-blaidd a Horeb, Treletert yn 1977 ac ychwanegwyd Trefgarn Owen at yr un ofalaeth hefyd yn 1984.

Ie, syndod o'r mwyaf oedd darganfod fod "tair coes y drybedd", llinach y tri gweinidog sy'n gyfoeswyr imi, yn estyn yn ôl dros bum cenhedlaeth i ddod at ei gilydd i ffurfio cwlwm teuluol cyflawn wrth garreg fedd y Parchedig Rees Perkins ym mynwent Seilo.

Y FEDAL GEE

THOMAS A SUSANNAH GEE

Cyhoeddwr a golygydd a aned yn Ninbych yn 1815 oedd Thomas Gee. Addysgwyd ef yn ysgol Grove Park, Wrecsam ac yn Ysgol Ramadeg Dinbych a phriododd â Susannah o Langynhafal yn 1842. Daeth yn olynydd i'w dad fel perchennog Gwasg Gee yn Ninbych.

Hon oedd oes aur cyhoeddi yng Nghymru gyda nifer fawr o gylchgronau, papurau newydd, geiriaduron, llyfrau, barddoniaeth, casgliadau o emynau, pregethau a gweithiau diwinyddol o bob math yn llifo o'r wasg.

Dechreuodd bregethu gyda'r Methodistiaid Calfinaidd yn 1838 ac fe ddatblygodd yn bregethwr grymus a thanbaid. Eto i gyd, daliodd at ei alwedigaeth fel cyhoeddwr ac argraffydd ac ni chymerodd ofal eglwys erioed. Ni chymerai dâl am bregethu chwaith a gweithiodd yn galed o blaid yr Ysgol Sul ac achos dirwest.

Bu farw yn 1898 a throsglwyddwyd y wasg i ofal ei fab. Bu farw ei briod Susannah hefyd bedair blynedd yn ddiweddarach. Yn ôl y cyfamod a luniwyd gan Thomas a Susannah Gee, un o brif amcanion bywyd oedd hyrwyddo achos Crist. Credai Thomas Gee hefyd mai un o'r ffyrdd gorau i wneud hynny oedd cefnogi'r Ysgol Sul. Yn 1906, ar gais merch hynaf y teulu cytunodd yr wyth plentyn i gyfrannu tuag at wobrwyo Medal Coffa Mr a Mrs Thomas Gee i ffyddloniaid hynaf yr Ysgol Sul ac fe wnaed hynny yn ddi-dor hyd heddiw.

Erbyn hyn, Cyngor Eglwysi Rhyddion Cymru sy'n gyfrifol am gyflwyno'r Fedal, ac fe dderbyniodd chwech o aelodau eglwysi Annibynwyr Cymraeg Sir Benfro yr anrhydedd yn ystod y pedwar degawd diwethaf.

Y FEDAL GEE 1970 –

DAVID WILLIAMS

Brodor o Lys-y-frân yn wreiddiol a aned yn 1897 yn un o saith o blant i Owen a Martha Williams. Addysgwyd ef yn ysgolion Llanfallteg a Llandysilio.

Wedi gadael ysgol bu'n gweithio ar ffarm Hafod y Pwll rhwng Glandŵr a Blaenwaun am rai blynyddoedd. Priododd â Hannah Lewis o'r un gymdogaeth yn 1925 a symudodd y ddau i fyw a ffermio ym Mharc-gwyn ar gyrion pentre Glandŵr. Ni bu iddynt blant.

Yn anffodus, collodd ei iechyd a bu'n rhaid iddo roi'r gorau i waith y ffarm. Torrodd dir newydd sbon a mynd ati i redeg gwasanaeth tacsi, gwaith y bu iddo ddal gafael arno am flynyddoedd lawer tan iddo gyrraedd ei ymddeoliad.

Cafodd ei dderbyn yn aelod yn eglwys Glandŵr gan ei weinidog, y Parchedig P E Price yn bedair ar ddeg oed. Dewiswyd ef yn ddiacon yn yr eglwys hefyd maes o law a

daliodd i fod yn un o ffyddloniaid y sêt fawr am dros drigain mlynedd. Anrhydeddwyd ef â'r Fedal Gee yn 1985.

Roedd gweithgareddau'r capel yn agos iawn at ei galon. Roedd yn ddarllenwr pybyr hefyd, a gweithio yn yr ardd yn un o'i brif ddiddordebau, yn ogystal ag ymhyfrydu mewn materion gwleidyddol.

Cafodd fyw i oedran teg o dros 90 oed a chladdwyd ei weddillion ym mynwent eglwys Glandŵr.

THOMAS (TOM) WILLIAMS

Mab arall i Owen a Martha Williams a brawd i David (gweler y bywgraffiad blaenorol). Gwelodd olau dydd am y tro cyntaf yn Llwynbedw, Llanycefn yn 1901 a derbyniodd ei addysg yn ysgolion Maenclochog a Llandysilio. Pan oedd Tom yn dair ar ddeg oed fe symudodd y teulu i gartrefu ym Mhengelli rhwng Glandŵr a Llanfyrnach. Yr un fath â David ei frawd treuliodd y rhan helaethaf o'i oes yn yr un gymdogaeth.

Wedi iddo adael yr ysgol cafodd ei brentisio i fod yn grydd gan John Jones y Nant yng Nghrymych. Wedi iddo ddysgu'r grefft daeth yn ôl i Landŵr i adeiladu gweithdy iddo'i hun yn ymyl gorsaf Rhydowen ar gyrion y pentre.

Bu'n dilyn yr un alwedigaeth am flynyddoedd wedyn tan iddo briodi Phebe James, Hen Felin, Glandŵr yn 1938. Ddwy flynedd yn ddiweddarach, ac Esme, ei hunig blentyn bellach yn llonni'r aelwyd fe symudodd y teulu i ffarm Rhydycoed Bach ar sgwâr y pentre. Daliodd i ffermio yno hyd nes iddo ymddeol yn ei saithdegau.

Bu marwolaeth Phebe, ei briod, yn 1968 yn ergyd drom iddo a chollodd ei droed hefyd yn y chwedegau cynnar o ganlyniad i afiechyd.

Derbyniwyd ef yn aelod yn eglwys Glandŵr yn bymtheg oed gan ei weinidog, y Parchedig P E Price yn 1916. Fe'i

dewiswyd yn ddiacon hefyd yn 1961 a bu'n athro Ysgol Sul yng Nglandŵr am flynyddoedd lawer. Cafodd ei anrhydeddu â'r Fedal Gee yn 1988.

Ymhlith ei ddiddordebau eraill oedd mynd ati i greu gwaith coed o bob math. Roedd e wrth ei fodd gyda'r wialen bysgota hefyd. Yr un fath â David ei frawd roedd ganddo wybodaeth eang ac fe fedrai roi ei fys ar drafod unrhyw bwnc yn ôl y galw. Cadwodd ei ddiddordeb mewn gwleidyddiaeth hefyd hyd ddiwedd ei oes.

Bu farw yn 1994 ryw bythefnos cyn cyrraedd ei 93 oed a'i gladdu ym mynwent capel Glandŵr.

LILIAN REES

Ganed hi yn 1907 yn ffermdy anghysbell y Ffog (adeilad sydd bellach yn adfeilion) rhwng Tufton a Chas-fuwch. Gan nad oedd yna feidr o unrhyw fath yn arwain i'r ffermdy rhaid oedd croesi gweundir diffaith a nifer o berci ar droed i gyrraedd y ffordd fawr yn unman.

Mynychodd Ysgol Garn Ochr (sydd bellach wedi cau) gan adael yn 14 oed i ofalu am blant i deulu yn Llys-y-frân am ddwy flynedd cyn symud i fod yn forwyn ar ffarm Poll Tax Inn ar gyrion sgwâr Tufton.

Priododd â David Rees, teiliwr o Gastell Haidd, a chartrefu yn yr ardal am beth amser. Yno y ganwyd Randall eu hunig blentyn. Yn 1939, symudodd y teulu i ffermio Good Hope heb fod nepell o Dreletert hyd at eu hymddeoliad yn 1961. Ar ôl ymddeol o waith ffarm bu Lilian Rees yn gweithio am flynyddoedd wedyn mewn siop nwyddau ar sgwâr Treletert.

Roedd hi'n wraig eang iawn ei diddordebau – yn aelod o Sefydliad y Merched; Clwb Strôc Abergwaun a Chymdeithas yr Henoed yn y pentre. Roedd hi hefyd yn ymddiddori mewn

pob math o chwaraeon – rygbi a snwcer yn fwyaf arbennig, yn mwynhau gweithio yn yr ardd, yn darllen yn helaeth ac yn cael blas anghyffredin ar wrando ar raglenni trafod ar y teledu.

Eto i gyd, roedd capel Horeb yn bwysicach iddi na dim arall. Bu'n aelod am 71 o flynyddoedd, yn ddiacones, yn ymddiriedolwr, yn godwr canu, yn athrawes

Ysgol Sul, yn aelod o'r Chwaeroliaeth ac yn ffyddlon iawn i'r cyfarfodydd gweddi a'r Dosbarthiadau Beiblaidd. Nid chwarae bach chwaith oedd cerdded yr holl ffordd o Good Hope i gapel Horeb deirgwaith y Sul.

Ni fu neb yn fwy ffyddlon i'r Gymanfa Ganu a'r Cwrdd Chwarter. Pwy a all anghofio ei chyfweliad ar y rhaglen deledu *Dechrau Canu Dechrau Canmol?* Mwynhad i lawer oedd ei chlywed yn llafarganu'r Pwnc pan gafodd gyfweliad ar gyfer *Caniadaeth y Cysegr* ar y radio. Mynnodd ganu ei hoff emyn hefyd yn ystod ei chyfweliad ar y rhaglen deledu *Wedi 7* ar achlysur dathlu ei phen-blwydd yn 100 oed.

Teithiodd yn helaeth. Cafodd gyfle i ymweld â Gwlad yr Iesu gyda Pat ei merch yng nghyfraith a theimlodd hi'n anrhydedd fawr i gael gwahoddiad i ddarllen o'r Beibl yn yr Oruwchystafell yn Jerwsalem. Roedd hi'n ymweld yn aml â'r Alban. Ar Sul y Mamau 1998 trefnodd Randall a'i briod siwrnai gofiadwy iddi yn y Concorde. Profiad y gwnaeth ei fwynhau i'r eithaf.

Anrhydedd iddi hefyd oedd derbyn Y Fedal Gee yn 1994. Daeth ei hoes hirfaith i ben yn 102 oed ar ôl cyflawni diwrnod caled o waith dros achos ei Gwaredwr.

ELUNED PHILLIPS

Ganed hi yn 1911 yn un o bedwar o blant i Thomas a Margaret Jones, Trehowel, Glandŵr. Teiliwr oedd y tad wrth ei alwedigaeth. Derbyniodd ei haddysg yn Ysgol Glandŵr a bu'n gweithio fel morwyn ffarm am flynyddoedd ar ôl gadael yr ysgol.

Priododd â Gwyn Phillips o bentre Rosebush yn 1939 a bu i'r ddau gartrefu wedyn ym Mrynteilo, tŷ capel Llandeilo am dros ddeugain mlynedd. Cafodd Gwyn ei alw i'r lluoedd arfog adeg yr Ail Ryfel Byd a bu'n gwisgo lifrai'r fyddin am ddwy flynedd yn Alexandria, Gogledd Affrica. Bu'n gweithio wedyn gyda'r Weinyddiaeth Amddiffyn yn Nhrecŵn ac yn ddiweddarach gyda Chyngor Sir Benfro. Gwasanaethodd fel diacon ac arweinydd y gân yn Llandeilo am flynyddoedd lawer

ac ef hefyd oedd y torrwr beddau. Eluned oedd gofalydd y capel ar hyd y blynyddoedd a hi hefyd oedd yn lletya pregethwyr yn ôl y galw. Clywais Hywel, ei hunig blentyn, yn dweud lawer gwaith mai ei waith ef oedd cludo pregethwyr gwadd o orsaf Clunderwen ar gefn ei foto-beic i gysgu'r nos ym Mrynteilo. Weithiau, pan oedd dau bregethwr yn gwasanaethu roedd hyn yn golygu dwy siwrnai iddo! Eluned, hefyd, oedd un o organyddion y capel. Cafodd hi a'i phriod eu anrhydeddu â chloc yn 1972 am eu llafur diflino gyda gweithgareddau'r eglwys.

Yn wir, prif ddiddordebau Eluned oedd chwarae'r piano a chanu. Roedd hi hefyd wrth ei bodd yn garddio a chlywid ei llais soprano yn llenwi'r awel yn aml wrth iddi balu a chwynnu'r pridd. Roedd hi'n mwynhau ymgymryd â gwaith gwnïo ar bob cyfle a bu galw arni yn fynych i bapuro'r ystafelloedd yn rhai o gartrefi'r gymdogaeth. Yn ddiweddarach, symudodd hi a'i gŵr i fyw yn y Forge, Llangolman ac wedi marw Gwyn yn 1978 symudodd Eluned i Gwynlais (enw arwyddocaol) ym mhentre Maenclochog.

Cyflwynwyd iddi Dystysgrif Anrhydedd am ei ffyddlondeb i'r Ysgol Sul yn 1991 a derbyniodd y Fedal Gee ddeng mlynedd yn ddiweddarach. Dyma soned o waith y Parchedig Gerald Jones a gyfansoddwyd iddi ar gyfer yr achlysur:

O droi y drych i'r cwm a'r Llan islaw
Mi welaf hi ymhlith y saint fu'n gefn,
Yn foneddiges deg â gwên ddi-fraw,
A'i nodau'n emyn-mawl i Dduw a'i drefn.
Mi ddeuai'n gynnar, weithiau wrthi'i hun,
A'r hen Dŷ Cwrdd yn wresog ac yn lân.
Pa ryfedd fod llonyddwch byw i'w llun

A hithau'n un o deulu llawn o'r Gân?
Yn ôl pob sôn bu'n fwrlwm sêl a gwaith
Fel gwraig Tŷ Capel, sionc ei thraw a'i throed;
Ac er i'r llif leihau drwy sychder maith
Deil blas yr Ysgol Sul yn naw deg oed.
Yn awr, pwy wad i Luned deilwng fri
Ar ias o dderbyn medal Thomas Gee.

SOPHIA MARGARETTA DAVIES

Ganed hi yn Rhyd-dderwen Fach, Hebron yn 1915 yn ferch i
Fred a Margaret Thomas. Hi oedd yr hynaf o dair o ferched.
Symudodd y teulu wedyn i Brynbanc, Login cyn ymfudo i
Alberta, Canada, pan oedd Sophia yn bump oed. Mynychodd
yr ysgol gynradd yno gan dderbyn ei haddysg, wrth gwrs, drwy
gyfrwng y Saesneg. Ond Cymraeg oedd iaith y teulu gartref ar
yr aelwyd.

Byr fu eu harhosiad yng Nghanada. Cafodd y fam ei tharo'n
wael gan adael Fred yn ŵr gweddw. Dychwelodd y teulu i fyw
yn y Lodge, Llanfallteg pan oedd Sophia yn ddeg oed. Mynnai
sôn o hyd am y siwrnai hir yn ôl i Gymru, taith o dair wythnos
a bu'n rhaid wynebu sawl storom fawr ar y môr.

Mynychodd Sophia ysgolion Llanfallteg a Phant-y-caws
wedyn. Yn ôl arferiad y cyfnod gadawodd yr ysgol yn bedair
ar ddeg oed a mynd i wasanaethu ar ffarm Castell Garw yn
Efailwen.

Yn 1945 priododd ag Edward
(Ted) Davies, Plasybedw a ganed
iddynt fab – Wyn. Bu'r teulu yn
byw am gyfnod yn Rhyd-y-moch
a symud wedyn i ymgartrefu ym
mhentre Llandysilio ar ôl ymddeol.
Dangosodd Sophia ddewrder
anghyffredin pan fu farw ei gŵr
Ted, a chafodd ysgytwad arall
pan fu farw Wyn hefyd yn ddyn

ifanc iawn yn 1982. Eto, daliodd i wynebu treialon bywyd yn ddirwgnach.

Bu'n aelod ffyddlon iawn yn eglwys Nebo, Efailwen. Yn wir, ni fynnai golli un oedfa. Ac os na fyddai oedfa yn Nebo y Sul hwnnw, fe fyddai'n troi i mewn i gapel cyfagos Pisga, Llandysilio. Pleser oedd ei chlywed yn canu gan iddi feddu ar lais soprano disglair.

Wedi adeiladu tai newydd i'r henoed yn Efailwen fe gafodd gartre newydd a bu'n byw yno am un mlynedd ar hugain. Cydiodd clefyd y siwgr ynddi, ac er iddi gael llawdriniaeth a cholli ei choes, daliodd i fynychu'r capel yn selog ar y Sul. Bu'n gefnogol iawn i waith yr Ysgol Sul hefyd ar hyd y blynyddoedd.

Cynhaliwyd gwasanaeth angladdol iddi yng nghapel Nebo ym mis Tachwedd 2003 – flwyddyn union wedi iddi dderbyn y Fedal Gee.

MARGARET ANN (MARION) DAVIES

Ganed hi yn 1926 yn ffermdy Post Gwyn, Eglwyswrw yn un o bedwar o blant i William Edwin ac Annie May Selby. Cafodd y tad ei alw i'r Rhyfel Byd Cyntaf a'i glwyfo'n drwm wythnos cyn i'r Rhyfel ddod i ben. Bu'n diodde'n arw o'r effeithiau am weddill ei oes.

Cafodd Marion ei haddysg gynnar yn Ysgol Eglwyswrw cyn llwyddo yn arholiad y 11+ a chael mynediad i Ysgol Ramadeg Aberteifi. Mynychodd Ysgol Sul capel Pontcynon, cangen o eglwys Brynberian, pan oedd hi'n blentyn. Yr adeg honno, yn ôl yr hanes, roedd gofyn i'r aelodau fynychu oedfa unwaith y mis yng nghapel Brynberian hefyd. Credwch neu beidio, roedd gan Marion (a phlant eraill y teulu hefyd) bum milltir lawn i'w gerdded i gapel Pontcynon a thros saith milltir i Frynberian. Taith unffordd oedd yn cymryd dros awr o amser. Yn amlach na pheidio, fe fyddai'r plant yn dychwelyd i'r Ysgol Sul yn y prynhawn hefyd. Ie, 24 o filltiroedd ar droed! Beth a wyddom ni heddiw am gerdded? Derbyniwyd Marion yn aelod cyflawn ym

Mrynberian wedyn o dan weinidogaeth y Parchedig Llewellyn Lloyd Jones.

Roedd hi yn gwybod ei Beibl yn dda hefyd. Mynnai sôn o hyd am y Gymanfa Bwnc ym Mrynberian ers talwm pan oedd angen i'r bobl ifainc ddysgu penodau o'r Ysgrythur ar eu cof i'w llafarganu. Ar ôl iddi ddysgu chwarae'r piano roedd hi'n un o organyddion capel Pontcynon ac, ymhen amser, yn un o organyddion Brynberian hefyd. Bu'n weithgar gyda'r Ysgol Sul ac yn athrawes dosbarth o ferched yn eu harddegau ym Mhontcynon.

Yn 1952, priododd â Gwynfor Davies o Langolman ac yn 1957 symudodd y teulu (a oedd yn cynnwys Alun y mab erbyn hyn) i fyw mewn tŷ cyngor yn Efailwen. Ymaelododd yn eglwys Nebo a chael cyfle i barhau gyda'r gwaith eto o ddysgu'r ieuenctid yn yr Ysgol Sul. Ryw bedair blynedd yn ddiweddarach fe symudodd y teulu i hen gartref Gwynfor yn Ael-y-bryn, Llangolman.

Marion Davies yn derbyn y Fedal Gee o law Y Parchedig Irfon Roberts yng nghwmni Eirwyn George

Daeth yn aelod wedyn yn eglwys Llandeilo a chael cyfle i fwrw iddi drachefn gyda gweithgarwch yr Ysgol Sul. Bu'n athrawes dosbarth y plant am dros chwartref canrif. Roedd hi'n un o organyddion y capel yn Llandeilo hefyd.

Ysgrifenyddes oedd Marion o ran ei galwedigaeth yn gweithio gyda chwmni Morgan Richardson, Cyfreithwyr yn nhre Aberteifi tan iddi ymddeol.

Cafodd ei phoeni'n arw gan y gwynegon ym mlynyddoedd olaf ei hoes a threulio cyfnodau mewn cadair olwyn. Eto, nid oedd pall ar ei hymroddiad a'i gweithgarwch. Ni fynnai golli oedfa ar y Sul a daliodd i chwarae'r organ hyd y diwedd. Roedd y Gymanfa Ganu a'r Cwrdd Chwarter hefyd yn agos iawn at ei chalon ac ni fynnai eu colli ar unrhyw gyfrif.

Derbyniodd Blât Anrhydedd Eisteddfod Maenclochog yn gydnabyddiaeth am ei gwaith o hybu diwylliant yn y gymuned. Ond pinacl ei hanrhydeddau oedd derbyn y Fedal Gee ym mis Gorffennaf 2007.

Dyma un o'r dilyniant o benillion a gyfansoddais i geisio crynhoi rhywfaint o nodweddion ei chymeriad adeg cyflwyno'r Fedal iddi yng nghapel Llandeilo:

Gwraig â mwynder yn ei mynwes,
Asgwrn cefn ym mhob ysgarmes.
Pan fo'r byd i gyd yn deilchion
Y mae gwên ar wyneb Marion.

Yn anffodus, gwaethygodd ei hiechyd yn fuan wedyn a daearwyd ei gweddillion ym mynwent Llandeilo ar 4 Rhagfyr 2008.

Y CWRT BACH

Roedd gweithredu disgyblaeth eglwysig, ar un adeg, yn hollbwysig i'r enwadau crefyddol. Peth cyffredin iawn oedd gweld aelod a oedd wedi camymddwyn yn cael ei dorri allan o gymundeb yr eglwys. Yn ôl y llyfrau cofnodion, godineb, puteindra a meddwdod oedd y pechodau amlycaf. Ond mae yna amryw gyfeiriadau hefyd at aelodau yn cael eu torri allan am bob math o droseddau yn cynnwys anffyddlondeb i'r oedfaon, cael dirwy mewn llys barn, tyngu a rhegi, rhwymo llafur ar y Sul, siarad yn ystod y gwasanaeth (gwragedd bob amser!) dwgyd afalau a rhedeg i ffwrdd heb dalu'r rhent.

Yn eglwysi Hebron a Nebo, adeg gweinidogaeth Simon Evans a Tegryn Phillips (1850–1934) roedd Cwrt Bach misol yn cael ei gynnal ar y pnawn Sadwrn cyn Sul y Cymun. Yn ôl yr hanes, roedd y diaconiaid yn cadw llygad ar ymddygiad yr aelodau yn barhaus a'r "pechaduriaid" yn cael eu dwyn i sefyll eu prawf o flaen y gweinidog a dau ddiacon i'w croesholi a'u disgyblu yn y Cwrt Bach. Ar lawr y Cwrt hefyd y byddai'r edifeiriol yn gofyn am ei "le yn ôl".

Comisiynwyd Peter Hughes Griffiths i lunio'r sgets "Y Cwrt Bach" i'w pherfformio fel rhan o'r Cyflwyniad "Annibyniaeth y Bryniau" adeg cyfarfodydd yr Undeb yn Sir Benfro 1990.

CYMERIADAU
Gweinidog – sych a chaled
John Jones – pen-blaenor
Dafydd Ifans – blaenor arall
Mari Defis – mam
Wili Defis – mab (canol oed)

Golygfa: Yn y capel

Gweinidog:	(Yn sarrug) Wel! Dyma ni wedi dod ynghyd, ysywaeth, unwaith eto i ymdrin â gweithgareddau annymunol annuwiol rhai o'n haelodau. Fe fydd rhaid i ni geryddu yr anniwair.
John Jones:	Fe aeth rhyw ddeunaw mis heibio ers i ni dorri allan y ferch feichiog ddibriod dwy ar bymtheg oed.
Dafydd Ifans:	Oes, mae rhaid dysgu gwers i'r bobl 'ma. Pwy sy ger ein bron heddiw?
Gweinidog:	Ein gofid mawr ni yw problem arall o fercheta.
Dafydd Ifans:	Marchnata – marchnata beth?
Gweinidog:	Mercheta ddwedes i. Mercheta yw'r pechod.
Dafydd Ifans:	O! mae'n ddrwg gen i – colli 'nghlyw, wyddoch chi!
Gweinidog:	Rhaid ein gwaredu rhag y pechodau hyn: "Ond y neb a fyddo gyfaill i buteiniaid, a ddifa ei dda" – Diarhebion – y drydedd adnod o'r nawfed ar hugain. Beth bynnag, mae Mari Defis, Pant-bach a'i mab William y tu allan.
John Jones:	Fe â i i'w nôl nhw mewn.
Gweinidog:	Diolch, diolch.
	(J.J. yn mynd i'w nôl, a hwythau'n dod i mewn drwy'r ale)
John Jones:	Mari a William Defis ei mab.
	(Y ddau'n sefyll o flaen y tri sy'n eistedd)
Gweinidog:	A pha oed 'ych chi, William Defis?
Wili:	Deg ar hugen.

Mam:	Nage ddim, wêt ti'n ddeugen mish diwetha. Cadw'i oedran yn dda ma fe.
Gweinidog:	R'yn ni wedi eich galw ger ein bron gan i ni ddeall eich bod chi William yn mercheta ac yn caru yn y gwely, nid gydag un, ond hyd at dair o ferched y fro hon ar yr un pryd. Mae sôn amdanoch chi.
John Jones:	Mae'r Gweinidog yn dod i wybod am y cyfan, wyddoch chi.
Gweinidog:	Beth sy gynnoch chi i'w ddweud?
Wili:	R'ych chi'n anghywir, nid tair merch sy gen i.
John Jones:	O!
Wili:	Rwy wedi bod gyda deg o leiaf.
Gweinidog:	Beth?!
John Jones:	Deg! Pwy yn y byd...
Wili:	Marged Pen-cnwc, Lisi Cae Gwyn, Martha Tŷ Rhos...
John Jones:	(Wedi ei syfrdanu) Martha Tŷ Rhos – fy merch i yw honno.
Wili:	Ac mae'n caru'n ardderchog 'fyd!
John Jones:	Dyna ddigon – rhaid diarddel nawr.
Dafydd Ifans:	Cytuno. Rhaid ei dorri ma's.
Gweinidog:	(Yn codi a tharo'r ford) Y rocyn digywilydd, ac yn y lle cysegredig hwn, y fath hyfdra direswm.
Mam:	O! Rhowch un cyfle bach iddo fe 'to! (Yn ymbil)
Wili:	Na, dydw i ddim ishe cyfle 'to!... A weda i

wrtho chi (Yn troi at y tri) – fe dreuliais i flynyddoedd gore fy mywyd ym mreichiau gwraig dyn arall.

Gweinidog: Yn wir... yn wir... (Yn syn)

John Jones: A pwy oedd y wraig honno?

(Saib)

Wili: Mam... Ha! Ha! Ha!

Mam: Ha! Ha! 'Na'ch rhoi chi'r tri yn eich lle.
R'ych chi – Heddi gyda Duw
Fory gyda'r Diafol
Ac mewn tri mis gyda Simon Evans, Hebron.
Fe fydd y ffeirad yn ddigon balch o'n cael ni yn yr Eglwys. Dere Wili. Nos Da.
(Gan adael y tri yn fud)

ORIEL Y PRIFEIRDD

T MAFONWY DAVIES (MAFONWY) 1860–1931

Un o blant y Mynydd Du oedd Mafonwy. Ganed ef yn Y Cotia, tyddyn bach yng nghymdogaeth Cwmllynfell. Mab y mynydd unig ydoedd yn ei blentyndod. Eto i gyd, cafodd ei drwytho yng ngweithgareddau'r capel, yr Ysgol Sul, yr Ysgol Gân a'r Cwrdd Gweddi yn ifanc iawn. Roedd tipyn o fynd hefyd ar gyfarfodydd llenyddol yr ardal, yr eisteddfodau yn fwyaf arbennig, a daliwyd Mafonwy gan y dwymyn farddoni yn gynnar yn ei oes.

Wedi derbyn rhywfaint o addysg ffurfiol aeth i weithio yn y lofa i hel ei damaid. Roedd trafod pregethau a barddoniaeth yn gyffredin hefyd ymhlith y glowyr ac ambell englyn byrfyfyr yn cael ei ysgrifennu ar dalcen dram. Ond canu'n iach i'r Mynydd Du a wnaeth Mafonwy yn ugain oed a symud i weithio i Sgiwen. Yn fuan wedyn penderfynodd newid y talcen glo am y pulpud.

Wedi cyfnod yng Ngholeg Caerfyrddin ordeiniwyd ef yn weinidog gyda'r Annibynwyr ym Mlaenafon yn 1890. Wedi deng mlynedd ym Mlaenafon, colli ei briod oedd un o'r rhesymau iddo symud i fod yn weinidog Capel Ucha, Solfach yn 1900. Bu yno am ddeng mlynedd ar hugain tan ei ymddeoliad yn 1931.

Roedd Mafonwy yn fardd pwysig yn ei gyfnod. Uchafbwynt ei yrfa gystadleuol oedd ennill y Goron yn yr Eisteddfod

Genedlaethol ddwywaith, yn 1897 am ei arwrgerdd "Arthur y Ford Gron" a hefyd yn 1905 am ei bryddest "Ann Griffiths yr Emynyddes". Am ryw reswm, ni ddaeth Mafonwy ryw lawer o dan ddylanwad canu rhamantaidd dechrau'r ugeinfed ganrif. Mae'n ymddangos fod ei ymlyniad wrth y ffydd Gristnogol ynghyd â'r nodyn cymdeithasol sy'n britho ei farddoniaeth wedi ei gadw rhag taro cywair ffantasïol a hiraethus beirdd eraill ei gyfnod. Naws delynegol sydd i gynnwys y rhan fwyaf o'i gyfrol *Caniadau Mafonwy* a gyhoeddwyd yn 1924. Ceir tipyn o amrywiaeth yn ei ganu hefyd. Yn ogystal â cherddi dwys-fyfyriol y mae weithiau'n taro tant ysgafn a lled-gellweirus fel yn ei englyn "Y Dyn Tenau".

Croen ac esgyrn a gwasgod, – a llodrau
  Lledrith ar ddisberod;
  A'r lle roedd efe i fod
  Y mae gwisg am ei gysgod.

Mae'n werth nodi fod Cenech Davies, olynydd Mafonwy yn Solfach, yn fardd o safon hefyd. Enillodd bymtheg o wobrau yn Adran Farddoniaeth y Genedlaethol o bryd i'w gilydd yn ogystal â chyhoeddi dwy gyfrol o gerddi. Ef hefyd yw awdur y darn adrodd poblogaidd "Cadair Ddu Birkenhead".

D EMRYS JAMES (DEWI EMRYS) 1881–1952

Aderyn drycin a fu Dewi Emrys ar hyd ei oes. Ganed ef yng Ngheinewydd a symud i Ben-caer yn wyth oed wedi i'w dad dderbyn galwad i fod yn weinidog eglwys Annibynnol Rhosycaerau. Cafodd blentyndod anodd oherwydd anghydfod ar yr aelwyd. Wedi gadael Ysgol Ramadeg Abergwaun

bu'n brentis newyddiadurwr gyda'r *County Echo* yn y dre am rai blynyddoedd cyn symud i Gaerfyrddin i weithio yn swyddfa'r *Carmarthen Journal.*

Ar ôl ymaelodi yn Heol Awst aeth i baratoi ar gyfer y weinidogaeth a bu'n weinidog yn Lerpwl, Dowlais, Bwcle yn Sir Y Fflint, Pontypridd a Finsbury Park yn Llundain. Roedd yn bregethwr poblogaidd iawn ac yn ystod ei gyfnod ym Mwcle gosodwyd ffôn yn y pulpud fel y gallai'r glowyr wrando ar ei bregethu o dan y ddaear.

Cefnodd ar y weinidogaeth i ymuno â'r lluoedd arfog adeg y Rhyfel Mawr ond diarddelwyd ef o'r rhengoedd yn fuan. Cefnodd ar ei deulu hefyd a bu mewn helyntion yn y llysoedd am beidio â thalu i gynnal ei ddau fab am flynyddoedd lawer. Crwydro o le i le a fu ei hanes am amser hir wedyn a soniodd lawer amdano'n cysgu ar seddau glannau Tafwys yn Llundain heb ddimai goch yn ei boced.

Ymhen tipyn cafodd waith fel newyddiadurwr yn Fleet Street a bu'n cyfrannu'n gyson i gylchgronau o bob math. Wedi colli ei fflat yn y blitz ar Lundain yn 1941 dychwelodd i Gymru i fyw yn Nhalgarreg, Sir Aberteifi hyd ddiwedd ei oes. Erbyn hyn roedd galw mawr am ei wasanaeth fel darlithydd, beirniad eisteddfodol a phregethwr. Yn Nhalgarreg y claddwyd ei weddillion a chodwyd cofeb iddo uwchben traeth Pwllderi yn ardal ei fachgendod ym Mhen-caer.

Roedd Dewi Emrys yn fardd medrus. Enillodd y Goron yn Eisteddfod Genedlaethol 1926 am ei gasgliad o gerddi "Rhigymau'r Ffordd Fawr". Ysgrifennwyd rhai o'r cerddi hyn, os gellir coelio stori Dewi ei hun, ar noson o aeaf wedi iddo alw mewn tŷ ffarm i ofyn am gysgod dros nos. Caewyd y drws yn ei wyneb ac fe aeth i'r ydlan a dringo'r ysgol i ben sied wair i chwilio am loches rhag y storm. Gwrando ar y glaw yn taro'r to sinc a roes iddo'r ysbrydoliaeth i fynd i'r afael â'r cerddi. Bu'n rhaid iddo wystlo'r Goron i dalu dyledion.

Enillodd y Gadair Genedlaethol bedair gwaith hefyd: "Dafydd ap Gwilym", 1929; "Y Galilead", 1930; "Cymylau Amser", 1943; ac "Yr Alltud", 1948. Yn dilyn ei gamp olaf gwnaeth Cyngor yr Eisteddfod reol yn dweud nad oes hawl gan neb ennill y Goron na'r Gadair fwy na dwywaith. Mae'n dal mewn grym hyd y dydd heddiw. Bu'n olygydd "Pabell Awen" *Y Cymro* am flynyddoedd a chyfrifid ef yn athro beirdd heb ei ail. Cyhoeddodd *Odl a Chynghanedd* (gwerslyfr ar Gerdd Dafod) ynghyd â thair chyfrol o gerddi: *Rhigymau'r Ffordd Fawr* 1926, *Y Cwm Unig* 1930 a *Cerddi'r Bwthyn* 1950.

Bardd traddodiadol oedd Dewi Emrys yng ngwir ystyr y gair. Enillodd ddeunaw o wobrau yn Adran Lenyddol y Genedlaethol hefyd ar hyd y blynyddoedd a chyfrifir ei gerdd dafodiaith "Pwllderi" yn un o glasuron ein barddoniaeth. Eto i gyd, ei englynion unigol ar destunau gwahanol yw ei gyfraniad arhosol i goffrau cerdd dafod. Beth am hon:

Y GRAIG

Ym merw llid y môr llydan – hi a chwâl
　　Donnau chwyrn heb wegian,
　Ond uwch twrf y cynnwrf can
　Dyry aelwyd i'r wylan.

WILLIAM EVANS (WIL IFAN) 1883–1968

Un o blant Moreia, Blaen-waun oedd Wil Ifan yn wreiddiol. Ei dad, Dr Ben Evans, oedd olynydd Shon Gymro fel gweinidog yr eglwys. Er iddo adael yr ardal yn wyth oed, wedi i'w dad dderbyn galwad i Flaenafon a symud yn ddiweddarach i Henllan a Bryngwenith yn Sir Aberteifi, daliodd Wil Ifan ei afael yn dynn wrth fro ei blentyndod hyd ddiwedd ei oes.

Addysgwyd ef yng Ngholeg y Brifysgol ym Mangor ac yng Ngholeg Mansfield, Rhydychen. Rhoes ei fryd ar fynd i'r weinidogaeth a bu'n weinidog gyda'r Annibynwyr Saesneg yn Nolgellau, 1906–09; Pen-y-bont ar Ogwr, 1909–17; Richmond Street, Caerdydd, 1917–25 a Phen-y-bont drachefn, 1925–49. Gŵr diymhongar ydoedd ac er ei fod yn bregethwr coeth ac efengylaidd gwrthodai bob gwahoddiad i bregethu mewn cyrddau mawr.

Fel bardd y cofir amdano'n bennaf. Enillodd y Goron yn y Genedlaethol deirgwaith am ei bryddestau: "Ieuan Gwynedd" 1913, "Pwyll Pendefig Dyfed" 1917 a "Bro fy Mebyd" 1925. Yr olaf yw'r fwyaf cofiadwy o'i bryddestau arobryn. Cerdd wedi ei lleoli yn ardal ei fagwraeth ym Mlaen-waun a'r cyffiniau ydyw sydd hefyd yn ddarn o hunangofiant oes ei fachgendod. Mae rhan gyntaf y bryddest yn canolbwyntio ar swyn a chyfaredd yr afon yn ymyl ei gartre, yr ail ran yn ymdrin â'r bwganod a'r drychiolaethau yn allt gyfagos Pen-craig a'r rhan olaf yn bwrw golwg ar y cythrwfl yn y gymdogaeth oherwydd gormes y Degwm, rhywbeth na fedrai'r bachgen bach ei ddeall ar y pryd. Arbenigrwydd y bryddest yw gallu'r bardd i ymateb i'w amgylchfyd drwy lygad plentyn wythmlwydd a'r cyfan yn cael ei gyfuno â myfyrdod gŵr canol oed.

Yr oedd Wil Ifan bob amser yn hoff o ddyfeisio mesurau a "Bro fy Mebyd" oedd y gerdd *vers libre* gyntaf i ennill yn y Genedlaethol.

Datblygodd i fod yn un o delynegwyr mwyaf cynhyrchiol ei ddydd. Cyhoeddodd ddeg cyfrol o'i farddoniaeth dros gyfnod o hanner canrif. Mae sawr y pridd yn drwm ar ei ganu. Nid telynegwr sentimental a ffantasïol ydoedd o bell ffordd. Nid adar ac anifeiliaid oedd yn denu ei fryd chwaith. Pobl gyffredin a di-nod yn eu dillad gwaith sy'n hawlio ei sylw byth a hefyd yn y rhan fwyaf o'i delynegion grymusaf.

Bu'n Archdderwydd Gorsedd y Beirdd o 1948 hyd 1951 a gweinyddodd y seremonïau gydag urddas yn Eisteddfodau Pen-y-bont, Dolgellau a Chaerffili.

Cyhoeddodd farddoniaeth Saesneg hefyd; tair cyfrol o ysgrifau – dwy yn Gymraeg ac un yn Saesneg (llawer ohonynt wedi ymddangos mewn cyhoeddiadau fel y *Western Mail*); ynghyd â rhai dramâu yn y ddwy iaith. Dylid nodi hefyd ei fod yn gerddor ac yn arlunydd medrus.

Er mai bardd y mesurau rhydd oedd Wil Ifan yn bennaf, ef biau'r englyn buddugol yn y Genedlaethol ar y testun "Yr Englyn":

Cywreiniaf gawell cryno – a rhyw hedd
 Gwell na rhyddid ynddo.
 Yr edn glwys a roi'r dan glo
 Ni thau er ei gaethiwo.

D J DAVIES 1885–1970

Gweler y bennod "Cyn-lywyddion Undeb yr Annibynwyr". Wedi i D J Davies gael ei adael yn blentyn amddifad a symud i fyw i Frynceirios y dechreuodd ymhél â'r awen. Roedd William, brawd T E Nicholas, yn fardd medrus yn y mesurau caeth a dywedir ei fod yn medru adrodd cannoedd o englynion ar ei gof. Ef a ddysgodd y cynganeddion i'r bachgen ifanc.

Wedi iddo gael ei dderbyn i Goleg y Brifysgol, Caerdydd, nid oedd Cymraeg yn un o'r pynciau a ddewisodd i'w hastudio. Yn ôl barn athrawon y Coleg Diwinyddol roedd mynd i'r afael â Groeg, Lladin a Hebraeg yn hanfodol i fyfyrwyr â'u bryd ar y weinidogaeth. Ond ni lesteiriwyd diddordeb y bachgen o Bentregalar ym myd barddoniaeth. Cipiodd Gadair yr Eisteddfod Ryng-golegol a rhai o fyfyrwyr yr adrannau Cymraeg, yn ôl yr hanes, yn amau a oedd ganddo hawl i gynnig o gwbl!

Uchafbwynt ei yrfa lenyddol, heb os nac oni bai, oedd ennill y Gadair yn Eisteddfod Genedlaethol 1932 am ei awdl ar y testun "Mam". Cofiwn iddo golli ei fam yn ifanc ac y mae ei brofiad ef ei hun yn ymhlyg yn ei ymateb i'r testun. Tri syniad canolog sydd iddi – y Fam ym mhridd y ddaear; y ddaear yn Fam; a Duw yn fam. Awdl Gristnogol yng ngwir ystyr y gair.

Cyhoeddodd gyfrol o'i farddoniaeth *Cywyddau a Chaniadau Eraill* yn 1968. Y cywydd yw ei hoff fesur ac fe enillodd bedair gwaith arno yn y Genedlaethol. Un o'r rhai mwyaf dyfeisgar oedd "Gwahoddiad i'r Eisteddfod Genedlaethol". Aeth D J ati i wahodd yr Ŵyl Fawr i Bentregalar o bobman! Mae'r mynydd yn barod i roi ei feini i balmantu llawr y Maes. Ond beth am nawdd ariannol mewn ardal mor denau ei phoblogaeth? Yr eithin, ar bob cyfrif, yw'r miliwnydd sy'n barod i daflu aur i goffrau'r Eisteddfod. Onid oes digon o welyau grug ar y bryniau hefyd i'r ymwelwyr sy'n dymuno lletya dros yr ŵyl? Y mae rhyw swyn anghyffredin yn y dweud a llwyddodd i gyfleu naws ac awyrgylch y fro wledig hon yn ei gywydd arobryn.

Fel y gellid ei ddisgwyl mae dwy ardal yn ganolog yn ei ganu – ardal wledig, amaethyddol y Preselau ac ardal drefol a diwydiannol Llanelli, sef ei fro enedigol a'i fro fabwysiedig. Y mae'r Cymro a'r Cristion yr un mor amlwg yn ei farddoniaeth hefyd, a'i waith fel gweinidog yn cael ei adlewyrchu dro ar ôl tro yng nghynnwys a thestunau ei ganu.

Mae'n ddiddorol sylwi hefyd nad yw'r nodyn personol yn amlwg yng ngweithiau D J Davies. Ychydig iawn o 'fi' sydd yma.

Bardd ydyw sy'n ceisio gweld y gorau yng nghymeriad plant dynion. Nid yw'n syndod, felly, fod y rhan fwyaf o'i farddoniaeth yn gerddi, englynion a chywyddau i gyfarch a choffáu pobl.

Rhaid sôn amdano hefyd fel emynydd. Nid gormodedd yw dweud hefyd fod gloywder, eneiniad, crefft a defosiwn wedi eu cydblethu yn ei emynau. Da yw gweld llawer ohonynt wedi eu cynnwys yn *Caneuon Ffydd*.

Cyhoeddodd nifer o englynion i'r Nadolig o bryd i'w gilydd. Dyma un sy'n gafael i'r carn:

Daw'r Iesu at ein drysau – ar ei wedd
    Y mae gwrid yr oesau,
    Oludog ymweliadau
    Iesu cu â drysau cau!

EDGAR PHILLIPS (TREFIN) 1889–1962

Enw ei bentre genedigol ar lan y môr a ddewisodd Edgar Phillips yn enw barddol iddo ef ei hun. Morwr oedd ei dad a dywedir fod ei Gymraeg wedi rhydu yn ystod ei fordeithiau aml! Saesneg oedd iaith yr aelwyd ac iaith yr ysgol leol hefyd. Ond roedd y Gymraeg yn ddigon da i'w defnyddio fel cosb. Ar ôl i Drefin droseddu yn yr ysgol rywdro rhoddwyd y dewis iddo naill ai i gael blas y gansen neu ddysgu cywydd 160 llinell "Y Farn Fawr" gan Goronwy Owen. Dewisodd ddysgu'r cywydd. Dywedodd yn ddiweddarach mai dysgu llinellau'r "Farn Fawr" (er na wyddai hynny ar y pryd) a roes iddo ei olwg gyntaf ar y cynganeddion.

Bu farw ei fam pan oedd yn ifanc. Priododd y tad am yr

ail waith a symudodd y teulu i fyw yng Nghaerdydd. John Rowlands, ei athro Cymraeg yn Ysgol Sloper Road, fu'n ennyn ei ddiddordeb yng ngweithiau beirdd a llenorion Cymru. Roedd ei lysfam yn wrth-Gymreig ac ni chanateid i'r plentyn llengar ddarllen llyfrau Cymraeg o gwbl. Ond roedd y "bachgen drwg" yn benthyca llyfrau Cymraeg ar y slei o lyfrgell y dref i'w ddarllen yn ei wely.

Wedi gadael yr ysgol bu'n gweithio fel teiliwr yng Nghaerdydd a Llundain. Ymunodd â'r fyddin adeg y Rhyfel Mawr. Cafodd ei glwyfo'n arw mewn brwydr yn Ffrainc a bu'n dioddef o'r effeithiau am weddill ei oes. Wedi diwedd y Rhyfel dilynodd gwrs hyfforddi athrawon yng Ngholeg Caerllion a'i benodi'n athro yn Ysgol Elfennol Pengam yn 1923. Daeth yn athro Cymraeg yn Ysgol Uwchradd Pontllanfraith y flwyddyn ddilynol, swydd y bu ynddi hyd nes iddo ymddeol yn 1954.

Datblygodd Trefin i fod yn gynganeddwr medrus. Arferai gystadlu'n gyson yn y Genedlaethol. Bu'n fuddugol ar y cywydd chwech o weithiau yn ogystal â chipio'r Gadair yn Eisteddfod Genedlaethol Wrecsam 1933 am ei awdl "Harlech". Cyhoeddodd gyfrol o'i farddoniaeth hefyd yn 1950 yn dwyn y teitl *Caniadau Trefin*.

Gwnaeth gymwynas fawr â llenyddiaeth ei gyfnod drwy fynd ati i gyfansoddi cerddi i blant. Cyhoeddodd bedair cyfrol rhwng 1930 a 1936 yn dwyn y teitl *Trysor o Gân*. Fel athro Cymraeg mewn ardal Seisnig yng Ngwent mae'n siŵr iddo weld yr angen am farddoniaeth syml a diddorol yn iaith y plentyn.

Bu'n weithgar iawn gyda Gorsedd y Beirdd. Ef oedd Ceidwad y Cledd o 1947 hyd 1959, ac fe'i dyrchafwyd yn Archdderwydd i weithredu yn Eisteddfodau Caerdydd, Dyffryn Maelor a Llanelli. Yn anffodus, daeth afiechyd blin ar

69

ei warthaf. Bu farw yn fuan wedi Eisteddfod Llanelli 1962 a daearwyd ei lwch ym mynwent Rehoboth yn ei fro enedigol.

Un o'r englynion a sgrifennodd adeg y Rhyfel yw "Sybmarîn":

Hen satanes y tonnau – ddaw ynghudd
   Yng nghôl y dyfnderau,
   Gyr o hyd heb drugarhau
   Ryw longwr i law angau.

TOMI EVANS 1905–1982

Gŵr o gorffolaeth fechan yn edrych arnoch chi â dau lygad bywiog y tu ôl i wydrau'r sbectol. Dwy law hamddenol yn llwytho'i bibell. Chwerthiniad iach yn saethu o'i enau ac wyneb siriol yn diflannu mewn cwmwl o fwg. Dyma'r darlun sy'n aros yn y cof o'r Prifardd Tomi Evans yn ei hwyliau llawn. Ganed ef ym Mlaenffynnon, Tegryn, wrth odre'r Frenni Fawr yn un o ddeg o blant i John a Mary Evans. Chwarelwr oedd y tad a dilyn ei gamau ef a wnaeth Tomi. Gadawodd yr ysgol yn bedair ar ddeg oed a mynd i weithio i chwarel gyfagos Y Glog. Holltwr llechi oedd ei waith. Ar ôl i chwarel Y Glog gau yn 1926 cafodd waith yn Chwarel Garn-wen ryw bedair milltir

i'r dde o bentre Crymych. Yn ddiweddarach, ar ôl i Chwarel Garn-wen gau hefyd, bu'n cadw cyfrifon i gwmni o adeiladwyr ym mhentre Tegryn tan iddo ymddeol.

Cafodd Tomi Evans ei fagu mewn ardal ddiwylliedig iawn. Roedd e ar flaenau ei draed byth a hefyd yn sôn am ddylanwad Cymdeithas Ddiwylliadol Llwyn-yr-hwrdd arno yn gynnar yn ei oes a'r galw oedd arno'n barhaus i lunio penillion ar gyfer achlysuron o bob math. Ond wrth draed Owen Davies y teiliwr o'r Glog y bu iddo ddysgu'r cynganeddion. Magwrfa beirdd y gymdogaeth oedd gweithdy'r teiliwr.

Câi Tomi hwyl anghyffredin wrth sôn amdano'n ennill ei gadair gyntaf yn eisteddfod fach Llanfyrnach. Stôl odro oedd hi! Ond maes o law fe dyfodd yn gystadleuydd peryglus mewn eisteddfodau ar hyd a lled y wlad. Daeth nifer o gadeiriau pwysig i'w afael, ac yn ddi-os, ennill y Gadair yn Eisteddfod Genedlaethol Rhydaman 1970 am ei awdl "Y Twrch Trwyth" oedd camp fwyaf ei yrfa eisteddfodol. Yn wir, y fuddugoliaeth hon oedd uchafbwynt traddodiad barddol bro Llanfyrnach.

Adrodd rhan o chwedl *Culhwch ac Olwen* a wnaeth y bardd yn ei awdl. Nid oes ynddi yr un ymgais i greu symboliaeth neu alegori o unrhyw fath. Cipio swyn ac awyrgylch y stori wreiddiol (a rhagori arni hefyd) yw ei harbenigrwydd.

Enillodd Tomi bymtheg o wobrau eraill yn Y Genedlaethol o bryd i'w gilydd a chyhoeddwyd detholiad o'i farddoniaeth *Y Twrch Trwyth a Cherddi Eraill* flwyddyn wedi ei farw. Dyma ei englyn "Y Preselau":

Daear rhamant a garw drumau – cwmwd
   Y comin a'r creigiau,
   I'n cenedl, tir ei chwedlau,
   Anial fyd yr hen helfâu.

EIRWYN GEORGE 1936–

Nid yw'n waith hawdd i awdur geisio "dweud gair" amdano ef ei hun. Dechreuwn gyda'r ffeithiau moel. Fe'm ganed ar ffarm fynyddig Tyrhyg Isaf ym mhlwyf Castell Henri yn 1936 yn unig blentyn Thomas Elwyn a Millie George. Pan oeddwn yn wyth oed penderfynodd Nhad a Mam symud i ffarm Castell Henri ryw filltir a hanner i lawr y ffordd. Wedi mynychu ysgol fach Garn Ochr ac Ysgol Ramadeg Arberth gadewais yn bymtheg oed pan gafodd Nhad ddamwain ddifrifol adeg y cynhaeaf

gwair a bûm yn gweithio gartref ar y ffarm am ddeuddeng mlynedd.

Yn 1964 penderfynais ailafael mewn llinynnau addysg a bwrw blwyddyn yng Ngholeg Harlech. Llwyddais i ennill ysgoloriaeth oedd yn sicrhau mynediad i Goleg y Brifysgol yn Aberystwyth. Wedi ennill gradd anrhydedd yn y Gymraeg yn 1968 a gweithio am flwyddyn fel cynorthwy-ydd ymchwil yn y Gyfadran Addysg penderfynais ddilyn y cwrs ymarfer dysgu i athrawon. Wedi gadael y coleg bûm yn athro Cymraeg a Hanes yn Ysgol Uwchradd Arberth a hefyd yn Ysgol Gyfun y Preseli yng Nghrymych. Yn 1975 cefais fy mhenodi yn Llyfrgellydd Gweithgareddau yn Llyfrgell y Sir yn Hwlffordd a dal y swydd honno am bymtheng mlynedd cyn ymddeol.

Roedd Nhad yn fardd gwlad ac yn cystadlu'n gyson ar y delyneg a'r emyn yn eisteddfodau bach y capeli. Ef a'm cymhellodd i ymhél â'r awen yn ifanc iawn. Euthum ati i gystadlu o ddifri gan ennill gwobrau yn Eisteddfod Genedlaethol yr Urdd ynghyd â nifer o gadeiriau mewn eisteddfodau lleol a thaleithiol. Penllanw'r cystadlu oedd ennill y Goron yn Eisteddfod Genedlaethol Abertawe 1982 am ddilyniant o gerddi ar y testun "Y Rhod" a hefyd yn Eisteddfod Genedlaethol Llanelwedd 1993 am bryddest ar y testun "Llynnoedd".

Yn ogystal â thraddodi darlithiau i gymdeithasau ar hyd a lled y wlad cefais fwynhad mawr wrth fynd ati i ysgrifennu llyfrau o bob math. Cyhoeddais dri chasgliad o farddoniaeth, cyfrolau yn ymwneud â chapeli a hanes lleol, llyfr ar hiwmor cefn gwlad, ysgrifau, llyfrau taith, beirniadaeth lenyddol a hunangofiant.

Wedi priodi yn 1981 symudais i a Maureen i gartrefu ym mhentre Maenclochog o dan gysgod Foel Cwm Cerwyn. Rwy'n byw, felly, o fewn tair milltir i fro fy mebyd.

Ymhlith yr englynion a luniais o bryd i'w gilydd y mae'r englyn Nadolig "Mair" yn un o'm ffefrynnau:

Chwilio'r oerfel am wely – i'w bychan
　A'i baich yn ei llethu:
　Troi o'r byd tua'r beudy
　A bore oes yn ei bru.

DAN THOMAS:
REHOBOTH A BEREA 1939–1972

gan Eiry Rochford

Yr un fath â Williams Pantycelyn, ffermwr a phregethwr oedd Dan Thomas. Nid llawer o weinidogion yr Efengyl a dreuliodd eu gyrfa gyfan yn yr un maes daearyddol. Ond bu Dan yn weinidog ar gapeli Rehoboth a Berea o 1939 hyd 1972, a bu'n ffermio hefyd o ddiwedd y 40au hyd ei farwolaeth yn 1982.

Mewn llythyr radio at Megan Thomas wedi iddi golli ei gŵr, Daniel Thomas, dyma a ddywedodd y Parchedig T J Davies, "Mae cawodydd o hwyl a chwerthin yn torri arnaf y funud hon wrth alw i go' amal i seiat. Odych chi'n cofio'r haf hwnnw pryd y cawsom ni wyliau ar eich fferm? Ryw noson pwy dda'th i garafán oedd ganddynt ar y ffald, ond Emrys Jones a Ray, Heol Awst, Caerfyrddin, a lle bynnag y bydde Emrys a Dan, bydde hwyl. A Dan yn dweud fod y prifathro lleol wedi gofyn i'r plant sgrifennu am waith ei tadau ac i Mefin chi ateb mewn un frawddeg lachar – brawddeg yr oedd Dan yn mwynhau'i hadrodd wedyn. 'My father is a preacher who breeds chicks.' Cawodydd o chwerthin. Onid o enau plant bychain y ceir aml i berl? Ma' mwy yn y frawddeg yna nag a dybiasom yn ein chwerthin.

Mae'r Iesu'n sôn 'megis y casgl iâr ei chywion dan ei hadenydd'. Un fel 'na oedd eich gweinidogaeth chi'ch dau: taenu'ch adenydd cysgodol dros y cywion. Cysgodi'r rhai diamddiffyn. Gwarchod y rhai allai fynd i drafferth a helynt a chadw'r curyllod rheibus draw. Mae colli pâr o adenydd fel 'na o unrhyw ardal yn golled. Mae bro Dewi yn oerach a pheryclach lle heb y cysgod tawel a gynigiai… 'Rwy'n ffyddiog y clywch yr angylion eleni, ie, yn canu yn y nos, ac os craffwch chi'n ofalus siawns na welwch angel gwarcheidiol newydd â gwallt coch yn y côr nefol – ac fe fyddwch yn nabod hwnnw!"

Yn enedigol o Flaenhowel ger Llandysul, Dan Thomas oedd un o'r ieuengaf o dri ar ddeg o blant. Roedd yn nai i Sarnicol, y bardd ac roedd ei chwaer Kate Davies yn adnabyddus fel darllenwraig a llenor. Erbyn i Dan gael ei eni roedd ei dad yn gweithio yn y pwll glo ym Maesteg. Roedd yn lletya yno am gyfnodau hir, ond fe fyddai'n dod adre yn awr ac yn y man. Tra ym Maesteg bu'n talu'n wythnosol am gopi o'r Beibl Mawr a mawr oedd y cyffro a'r cynnwrf pan, o'r diwedd, fe ddaeth adre a'r Beibl ganddo – y pris wedi ei dalu'n llawn. Roedd Dan yn cofio'r achlysur yn glir iawn ac o hynny ymlaen arferid darllen o'r Beibl newydd bob dydd Sul ond yn ystod yr wythnos yr hen Feibl oedd yn cael ei ddefnyddio.

Cafodd Dan ei addysg yn Llandysul ond gadawodd yr ardal yn ei arddegau a symud i fyw i Loegr i helpu tylwyth gyda'u busnes llaeth yn yr East End yn Llundain. Mae un stori a arferai fwynhau ei hadrodd amdano un ben bore, pan oedd allan yn dosbarthu llaeth, yn taclo lleidr oedd yn cael ei erlyn gan yr heddlu, ac ar ôl i Dan ei lorio dyma'r heddwas yn gweiddi, "Hold him there, Ginge". Yn ystod yr adeg yma yn Llundain roedd yn aelod blaenllaw o Gymdeithas Gymraeg Llundain, yn mynychu capel King's Cross ac yn cymryd rhan mewn cystadlaethau adrodd a drama yn yr Eisteddfod Genedlaethol yn flynyddol. Ei fwriad ar hyd yr adeg tra bu yn Llundain oedd mynd i'r weinidogaeth ac ar ôl deng mlynedd o gynilo caled roedd ganddo ddigon i dalu am y cwrs, a daeth yn ôl i fod yn fyfyriwr yng Ngholeg Presbyteraidd Caerfyrddin. Yno y bu dan hyfforddiant o 1934 i 1937 cyn treulio dwy flynedd arall yn y coleg yn Abertawe.

Cafodd alwad i ddod i weinidogaethu yn Rehoboth a Berea yn 1939. Yn Awst y flwyddyn honno priododd â Megan Lewis. Roeddynt wedi cyfarfod pan oedd Dan yn y coleg yng Nghaerfyrddin a Megan yno hefyd yn dilyn cwrs llaw fer a theipio. Cafodd Megan ei geni a'i magu ar fferm Llwynywermod ger Myddfai, Llanymddyfri – y fferm sydd erbyn hyn yn eiddo i'r Tywysog Siarl. Symudodd y pâr ifanc i fewn i'r Mans yn Square and Compass ac ordeiniwyd Dan yn Rehoboth yn 1939. Dyma oedd gan y Parchedig Gerallt Jones i'w ddweud am yr achlysur:

"Dau beth sy'n aros yn arbennig yn y cof. Araith gyflwyno Dan ar ran Carmel Llandysul gan Evan Jones a fuasai'n athro a phrifathro ym Machynlleth a Llanfair Caereinion. Araith llawn o hiwmor sych a ffraethineb sanctaidd. Yr ail beth – yr Athro J Oliver Stephens yn pregethu i'r cannoedd ar ben gambo wair ar y maes tu allan."

Ar ôl setlo i mewn yn yr ardal fe ddaeth Dan ac Idwal Lloyd – y bardd, y llenor a phrifathro ysgol Tre-fin, ynghyd i ffurfio cangen o'r Urdd yn Nhre-fin. O dan eu harweiniad cafwyd llwyddiant mawr mewn eisteddfodau lleol ac yn yr Eisteddfod Genedlaethol ac roedd y nosweithiau llawen a'r dramâu yn achlysuron pwysig iawn yng nghalendr yr ardal. Felly hefyd yr eisteddfodau a gynhaliwyd yn Rehoboth a Berea. Fe welwyd nifer o gorau mawr yn teithio i gystadlu, yn enwedig yn Eisteddfod Berea. Roedd deuawd Dan a Morfydd Phillips yn canu 'Hywel a Blodwen' bob amser yn cael cymeradwyaeth wresog a hir a bu'r sôn am y ddrama lle roedd Dan ac Idwal Lloyd yn chwarae'r rhannau Dici Bach Dwl a Tomi Tincer. Y ddau mewn gwely ar y llwyfan mewn un olygfa a thraed bawlyd Dan yn gwthio allan o dan y cwilt. Bu Dan yn gyd-arweinydd yr Aelwyd am bymtheg mlynedd ond bu'n cymryd rhan mewn dramâu hyd y chwedegau a'r bobl ifanc yn dwli ei gael yn eu mysg.

Tra yn y Mans, ac yn Abernant yn ddiweddarach, fe groesawyd nifer o fawrion yr enwad i'r aelwyd. Daethant yn eu tro i bregethu yn y Cwrdde Mawr blynyddol yn Rehoboth a Berea. Roedd pawb wrth eu bodd yng nghwmni Dan a'i natur optimistaidd, ei wên barod a'i agwedd ffwrdd-â-hi. Daeth Elfed yn ei dro a'r plant, Mefin ac Eiry, yn dal i gofio am ei sbectol drwchus, wedyn cawsant gwmni Emrys Jones, Cyril Williams,

T J Davies, Gerallt Jones a W Rhys Nicholas i enwi dim ond rhai.

Er iddo ateb yr alwad i'r weinidogaeth, un o hil y tir oedd Dan Thomas ac ysai am fyd y ffermwr. Dechreuodd tra'n byw yn y Mans drwy brynu dwy afr. Dyma'r adeg lle arferid prynu'r llaeth dyddiol o fferm gyfagos. Ond fe ddaeth dolur y TB i'r ardal a gan fod Eiry yn fabi ar y pryd penderfynwyd mai da o beth fyddai osgoi llaeth buwch. Felly dyma'r ddwy afr yn cyrraedd. O dipyn o beth fe aeth y ddwy afr yn ddwy Dexter – gwartheg bach duon – ac arferai Dan eu pori ar ochr y ffordd cyn iddo renti darn o dir gan Mr Charles Glasfryn – fferm oedd ar draws y ffordd i'r Mans. Ychwanegwyd buwch Jersi at y ddwy Dexter a chyn pen dim roedd Dan, gyda help Mefin, yn godro tua phymtheg o wartheg cyn camu i'r pulpud ar fore Sul. Bu hefyd yn cadw ffowls – yn eu prynu yn 'day old' gan E T Smart, Cydweli a'u casglu oddi ar y trên yng ngorsaf Mathry Road. Yna, byddai'n gwerthu'r cywion pan ar 'point of lay'. Fe roddodd gynnig ar gadw moch hefyd ond ni pharodd y fenter hon yn hir gan iddo boeni bod drewdod y moch yn ei ddilyn i'r sêt fawr!

Ffermwyr oedd y rhan fwyaf o aelodau'r ddau gapel ond roedd yno dafarnwr, pysgotwr, groser, teiliwr, pobydd a saer hefyd – cynulleidfa nodweddiadol o ardal wledig. Pobl garedig iawn oeddynt ac yn sylweddoli pa mor anodd oedd hi ar weinidog ifanc i fyw ar £3 yr wythnos. Fe fyddai sach o datws, darn o borc, ambell i dorth a physgodyn yn dod i ddrws y Mans yn rheolaidd. Pan ddechreuodd Dan gadw ffowls nid oedd rhaid poeni am eu bwydo oherwydd fel y dywedodd un tro wrth Gerallt Jones, "Rwy'n cael digon ffor' hyn – sgubion o'r sguborie".

Yn 1957, a Mefin a'i fryd ar ffermio, a Dan a Megan ddim eisiau iddo dreulio ei fywyd yn was fferm, fe benderfynon nhw fentro prynu fferm Abernant. Nid pawb o'r aelodau oedd yn hapus gyda'r penderfyniad. Ofnent y byddai eu gweinidog yn anghofio am ei braidd. Ond nid oedd raid iddynt boeni. Bu Dan mor ffyddlon iddynt ag erioed ac yntau, yn ôl ei arfer yn eistedd yn ei gadair yn y sêt fawr cyn i neb arall gyrraedd, yn barod i groesawu pob un â nòd a gwên. Yn 1972, symudodd Dan a Megan i'r byngalo ar dop y feidr. Enwyd y tŷ yn "Maesymeillion" – fel atgof am wreiddiau Dan yn Sir Aberteifi.

Roedd Gerallt Jones yn cofio galw yn Abernant yn y chwedegau diweddar a Megan a Dan yn dangos iddo gloc crand a hambwrdd mawr ac arno lestri arian pur – anrheg a roddwyd iddynt ar ben-blwydd eu gweinidogaeth yno am chwarter canrif. Un o sylwadau Gerallt Jones oedd: "Dyma arwydd sicr fod pobl eich gofal yn gwerthfawrogi'ch gwasanaeth chi'ch dau".

"Twt, twt," meddai Dan, a'i lygaid gleision mawr yn ddireidi i gyd, "ti'n gwbod pam geson ni'r rhain? Am mod i wedi dangos mod i'n well ffarmwr na nhw i gyd! Ond hen bobol ffein ydyn nhw... ond te fe Megan?"

Roedd Dan yn hoff iawn o ddilyn pob math o chwaraeon boed yn rasio ceffylau, rygbi, pêl droed neu griced. Bu'n chwarae i dîm criced Llanrhian am gyfnod ac wedi i'r coesau wanhau roedd yn dal i fynychu'r gêmau i gofnodi'r sgôr.

Yn Hydref 1984, ddwy flynedd ar ôl ei farwolaeth, cynhaliodd y ddwy eglwys gwrdd diolchgarwch go arbennig yng nghapel Rehoboth. Dyma ran o'r adroddiad a ymddangosodd yn y papur bro, *Pentigili* yn sôn am y digwyddiad:

"Cwrdd oedd i ddiolch am fendithion y flwyddyn ac yn arbennig am wasanaeth y Parchedig Dan Thomas. Yn ystod y gwasanaeth dadorchuddiwyd carreg goffa i'r un a fu'n gwasanaethu'r ardal cyhyd. Cynlluniwyd y garreg gan Vicki Craven o Abergwaun a hawdd gweld y byddai'r llechen syml o dir Cymru gyda'i symbolau cerfiedig wedi plesio Dan i'r dim. Crynhowyd hanfod cymeriad y gweinidog mewn cwpled gan Idwal Lloyd:

Cofio'i wên yw cofio'i waith,
Ei grefydd a'i gwir afiaith.

Pwy yn wir nad yw'n cofio'i wên? Dyn o Geredigion a blannodd ei wreiddiau yn ddwfn yn yr ardal hon, dyn a lanwodd ei le yn y gymdeithas, dyn parod ei gymwynas heb gulni meddwl nac ymffrost. Fe gollodd yr eglwys weinidog a ffrind. Fe gollodd yr ardal gymeriad."

CAPLAN (ANSWYDDOGOL) ANGYLION UFFERN

gan Parchg Ddr Cerwyn Davies, Toronto

Ganol nos oedd hi, Mawrth 29, 1969 pan losgwyd capel Iondale Heights, Scarborough, Ontario yn ulw. Pymtheg mlwydd oed oedd yr adeilad a naw mis yn unig roeddwn i wedi bod yn weinidog yno. Mewn ychydig o oriau gwelais fy holl freuddwydion yn mynd lan mewn fflamau. Pan dorrodd y wawr, doedd dim ar ôl ond rwbel.

Y bore Sul canlynol fe ddaeth dros saith cant o'r aelodau at ei gilydd i neuadd yr ysgol uwchradd, a'r eiliad honno gwyddwn, er i'r capel gael ei ddinistrio, fod yr eglwys yn ddiogel. A dyna pryd y ganed ein slogan newydd, "Gwell eglwys heb gapel, na chapel heb eglwys."

Mae'n anodd gosod mewn geiriau awyrgylch drydanol y gwasanaeth y bore Sul hwnnw. Ond ymhen deunaw mis roeddwn yn cysegru capel newydd. Sylfaenwyd hwnnw ar adnod yn y Testament Newydd, Luc 2: 52, "A'r Iesu a gynyddodd mewn doethineb a maintioli, a ffafr gyda Duw a dynion." Y weledigaeth a ddaeth i ni oedd codi canolfan i gynorthwyo person i dyfu ymhob agwedd o fywyd; yn feddyliol, yn gorfforol, yn gymdeithasol ac yn ysbrydol. A dyna a wnaethom. O'r tu allan fe edrychai'r adeilad rywbeth yn debyg i'r hyn a ddisgwylid i gapel traddodiadol i fod, ond o'r tu mewn yr oedd yn gwbl wahanol.

Ar y pryd, roeddwn yn aelod o 'fwrdd' un o ysbytai'r ddinas ac yn cymryd tipyn o ddiddordeb yn yr Adran Seicolegol. Roedd gyda ni syniad ar y 'burner cefn' i agor cangen o'r adran y tu allan i adeilad yr ysbyty, a sefydlu clinig seiciatryddol yn y gymuned. Tu ôl i hyn oedd ceisio cael gwared o'r stigma a deimlai rhai o orfod mynd i'r ysbyty i weld y 'shrink'. Ac wrth ddatblygu printiau glas y capel newydd, cadwyd hyn yn y meddwl.

Agorwyd Iondale Heights United Church and Community Centre ym mis Medi 1971 yn adeilad aml bwrpasol. Roedd iddo dri llawr. Ar yr un isaf roedd swyddfeydd i'r seicolegwyr a'r nyrsys cymunedol. Ar y llawr canol roedd y cysegr. Ond ar y Sul yn unig. Trwy'r wythnos trosglwyddwyd y spês yn fangre chwarae ac ymarfer corff. Ar y llawr hwn hefyd cynhaliwyd dosbarthiadau dysgu Saesneg i fewnfudwyr newydd, crefftau o bob diddordeb, ynghyd â gweithgareddau ar gyfer ieuenctid yr ardal. Ond erbyn bore Sul, fe fyddai'r llawr i gyd wedi ei drawsnewid i fod yn gysegr addoli gyda chadeiriau glas, coch ac euraid yn cuddio marciau'r cyrtiau badminton a *floor hockey*! Ar y llawr top roedd 'na siop yn gwerthu dillad ail law i drigolion y gymuned o dan yr enw "New to you!" Oedd, roedd y lle fel cwch gwenyn o fore hyd hwyr.

Roedd fy swyddfa i ar y llawr canol. Pum diwrnod yr wythnos y byddwn yno o 8.30 y bore hyd hanner dydd, a dod yn ôl yn yr hwyr i gynnal cyfweliadau. Ychydig ddiwrnodau wedi setlo i mewn yn y *digs* newydd, fe glywais ryw dwrw yn y maes parcio fel pe bai tanc wedi dod i mewn, ond o edrych allan drwy'r ffenestr gwelais mai moto-beic ydoedd, Harley Davidson, â'r *baffles* wedi eu tynnu allan o'r biben *exhaust*! Yn marchogaeth y beic roedd clampyn o foi yn farf i gyd ac yn gwisgo siaced ledr ddu gyda llythrennau coch, "Hell's Angels!" Dyma'r tro cyntaf i mi daro golwg ar Tom. Rywsut, gwyddwn nad dod i'm gweld i oedd e, ac yn wir, lawr aeth e i'r llawr cyntaf. Bob dydd wedi hynny, am naw o'r gloch deuai Tom i'r *Day Clinic* ar ei H.D. Wedi i ryw wythnos fynd heibio, daeth cnoc ar ddrws y swyddfa. Tom! Tu ôl i'r farf gochlyd gwelais ddau lygad yn dartio'n nerfus dros yr ystafell i gyd.

"Dere i mewn."

"Na, ddim diolch, jwst ishe dweud own i fod Mam-gu yn mynd i'r capel" ac i ffwrdd ag e!

Fe aeth ychydig mwy o amser heibio cyn i Tom fentro lan i'r "inner sanctum" (ei ddisgrifiad ef o fy offis) ond 'nôl daeth e. Cnoc fach jentîl ar y drws, "Fues i yn yr Ysgol Sul cwpwl o weithiau gyda Mam-gu."

"Bachan, wyt ti bron â bod yn aelod 'ma! Rwy jwst yn mynd i gael coffi fach, leicet ti ymuno â fi?" Mentrodd Tom i mewn, ond rwy'n siŵr na theimlodd neb yn fwy anesmwyth yn yr offis, na chynt nac wedyn, ond chwarae teg iddo fe arhosodd yn ddigon hir i gael paned. A dyna ddechrau'r berthynas fwyaf rhyfedd a ges i gydag unrhyw un erioed, Tom yn gwisgo symbol Angylion Uffern, a fi yn gwisgo symbol Croes Calfaria! Bois bach, pwy ddwedodd, "Never the twain shall meet"?! Ond cwrdd a wnaethom.

Yn y car ar y ffordd i'r offis oeddwn i pan glywais ar y radio fod na *shoot by* wedi digwydd yn ystod y nos rhwng Angylion Uffern a'u nemesis "Pair o dice" (Paradise), a bod un o'r Angylion wedi ei ladd! Am naw o'r gloch roeddwn yn disgwyl yn daer am sŵn moto-beic Tom, ond roedd y tawelwch yn llethol. A dyma fi yn dechrau meddwl y gwaethaf, ond yn wir i chi, deg o'r gloch a dyma'r 'tanc' yn cyrraedd, ac mae'n rhaid i mi gyfaddef, 'rown i yn teimlo tipyn o ryddhad. Yn lle mynd lawr i'r clinig y bore hwn, fe ddaeth Tom lan yn union ataf i. "Mae'r diawliaid wedi lladd Ben. Fe o'dd fy ffrind gore!"

Roedd Tom fel barel, yn 18 stôn o foi ac yn wir roedd ei weld e'n crio yn hollol ddigywilydd yn gwneud i mi sylweddoli, o dan yr holl brafado a'r hwydnwch i gyd mai plentyn bach ansicr oedd Tom, yn gweiddi ma's am gysur a chymorth! Galle fe ddim crio o flaen ei 'frodyr', ond o fewn yr *inner sanctum* roedd e'n teimlo'n saff! Mater o adael i fynd, a gadael i Dduw. Ac yna gollyngodd Tom y *bombshell*!

"Mae'r teulu yn gofyn a wnewch chi gladdu Ben?"

"Pwy yw ei deulu?"

"O, ni yw ei deulu. Ni fydd yn gofalu am yr angladd."

"Leicie'n i gwrdd â'r teulu." A dyna fel y bu hi.

Fe ges i fynd i'w "H.Q.", fferm rhyw 25 milltir y tu allan i'r ddinas. Roedd y ffermdy ryw chwarter milltir o'r ffordd fawr, a phan gyrhaeddais y feidr, gwelais blismon yn ei gar yn tynnu fy llun. Ond gwelais hefyd aelod o'r Angylion yn disgwyl amdanaf ar ei foto-beic ac yn rhoi arwydd i fi i'w ddilyn. Gadewch i mi ddweud yn y fan hon, nad fi yw'r person mwyaf dewr yn y byd, o bell ffordd, a phetawn yn dweud nad oeddwn yn petruso am fy nyfodol fel aelod o'r hil ddynol buaswn yn dweud celwydd rhonc. Ond roedd y teimlad yn hollol ddiangen oherwydd fe ges gynnig bob math o *booze* a chyffuriau! Trefnwyd yr angladd. Bore'r cynhebrwng cefais alwad ffôn wrth Tom. "Gofyn ffafr. A wnewch chi gladdu beic Ben yn y bedd gydag ef?" "Bachan, wastraff o gwd Harley Davidson fyddai hynny. Ddweda i beth, rho'r beic i fi ac fe'i reidia i e er cof am Ben." Tawelwch ar y lein. Ac yna bu bron i mi chwerthin allan pan glywais ei ateb, "Not one of your brightest ideas!"

Roedd dros fil o foto-beics yn yr angladd, wedi dod o bob rhan o Ogledd America. Wrth gerdded i mewn trwy ddrws ffrynt y "Parlwr Angladdau" safai dau aelod o'r Angylion yn derbyn arian gan y 'brodyr'. Roeddwn yn swyddfa'r Cyfarwyddwr ychydig funudau cyn i'r gwasanaeth ddechrau, pan gerddodd y ddau 'gasglwr' i mewn a'u hetiau yn llawn o gyfraniadau. "Cymerwch allan o hwn, eich costau i gyd, a rhoddwch y sbâr i unrhyw elusen plant o'ch dewis chi!" Teimlais lwmpyn yn fy ngwddf! Ie, i gyd yn ddrwg, ond nid yn ddrwg i gyd. Rywle lawr yn nyfnder eu calonnau roedd 'na ronyn o ddaioni! Buom mewn llawer angladd wedi hynny. Ond yna, fe ddechreuodd pethau dawelu rhwng y gwahanol *gangs*. Erbyn hyn roedd Tom wedi gwella yn ddigon da fel nad oedd angen iddo barhau yn y clinig dyddiol. Ac i ddweud y gwir, rown i yn gweld ishe sŵn y 'tanc', y farf gochlyd, a'r gnoc fach dawel wrth ddrws yr *inner sanctum*! Ond un diwrnod, dyna dwrw go gynefin yn y maes parcio. Y tanc! Y meddwl cyntaf a ddaeth i mi oedd fod Tom wedi gorfod dod nôl i'r clinig, ond na. Yn hytrach na mynd i'r llawr cynta, fe ddaeth lan i'r offis. Roedd y drws ar agor, a drwyddo fe ddaeth Tom yn wên o glust i glust gyda blonden fach a'i gwallt mewn *pigtails* wrth ei ochr. "Dyma Martha. Ry'n ni am briodi! A wnewch chi'r *honours*?" Fe ddywedais yn hollol dwp, "Wel, Tom, yr hen gadno â ti!"

Fe gymerodd y briodas le ar dir yr "H.Q." rai wythnosau wedyn, a dyna'r tro cyntaf (a'r tro olaf) i mi weld priodasferch mewn *black leathers*! Wedi'r briodas, fe ddaeth yr 'Arweinydd' ataf, y mwyaf feroshws ei olwg o'r lot i gyd. "Ti yw'r unig bregethwr 'wy wedi'i drystio erioed, ac rwy ishe ti i wybod, os bydd rhywun yn rhoi unrhyw drafferth i ti, rho wybod i ni, ac fe setlwn ni'u cownts nhw!" Mae'n rhaid i mi gyfaddef fod enw un neu ddau diacon go benstiff wedi fflachio drwy fy meddwl! Ond wyddoch chi beth? Rown i'n teimlo mai fi oedd y gweinidog mwyaf diogel yn Nhoronto, gyda saith o blismyn yn canu yng nghôr y capel ar y Sul, ac aelodau Angylion Uffern yn cynnig eu gofal am weddill yr wythnos! Yn wir, paradwys pregethwr.

Wedi bron wyth mlynedd yn y math yma o weinidogaeth, fe ddes i benderfyniad fod yr amser wedi dod i symud i ryw faes arall, a dyma pryd y cefais y cyfle i fynd i eglwys Dewi Sant, yr unig eglwys Gymraeg yng Nghanada (ond y mae honno yn stori ddiddorol ynddi ei hun!).

Pan ddaeth y dydd Gwener olaf i mi fod yn swyddfa Iondale Heights roeddwn yn y car ar y ffordd o'm cartre pan welais bedwar Harley Davidson yn dod allan o un o'r strydoedd cefn, ac ar gefn un o'r beiciau oedd, ie'n siŵr, Tom. Cymerodd e ac un arall eu lle o flaen fy nghar, a'r ddau arall yn fy nilyn bob cam i'r offis. Y nhw oedd y *guard of honour*. Wedi cyrraedd, dyma nhw'n sefyll wrth ddrws y Ganolfan, a phan gerddais atynt i ysgwyd llaw, fe gefais salíwt gwrtais wrth y pedwar, ac meddai Tom, "Dyma ein ffordd ni o ddangos ein diolch a'n parch i'n *padre*." Ie, yn eu meddyliau hwy, fi oedd eu *padre*! Ys gwn i oedd Duw yn gwrando ar y disgrifiad yna ohonof i fel "*Padre* angylion uffern?" Ys gwn i beth oedd Ei ymateb? A ddywedodd E rywbeth am "yn gymaint am i ti ei wneud i un o'r lleiaf o'r rhain, i mi y gwnaethost!" Ie, ys gwn i?! Ond o hyn rwy'n siŵr, yn fy swyddfa roedd pictiwr Holman Hunt o "Iesu, Goleuni'r Byd." Pan gerddais i mewn drwy'r drws y bore Gwener hwnnw, rwy'n tyngu i mi weld gwên letach na chynt ar wyneb y Gŵr oedd yn dal y lamp!

CERDDI'R CAPELI

BETHEL, TREWYDDEL
(Adeg dathlu trichanmlwyddiant yr eglwys 1991)

Mae'r meini'n tystio i rai dewr a fu
  Ar hyd tair canrif yn mawrhau yr Iôr,
A rhodio ffyrdd diarffordd gwlad yn llu
  I gyrchu capel Bethel ger y môr;
Hyfryd oedd cymdeithasu yno'n rhydd,
  A phrofi nerth adfywiol moddion gras,
Yr ysbryd yn megino fflam y ffydd,
  A'r pererinion yn addoli gyda blas.
Taenodd ei chysgod dros gartrefi'r fro,
  A daeth llafurwyr Duw i'r winllan hon;
Er dyfod trai a'i effaith yn ei dro,
  Ni phallodd gobaith am weld llanw'r don.
Boed sêl a chariad yr arloeswyr gynt
Yn corddi ynom ninnau ar ein hynt.

D J Thomas

CAPEL PENYBONT
(Adeg dathlu daucanmlwyddiant yr eglwys 2007)

Ym Mhenybont yr oes o'r blaen
  Pwy ddug y maen i'r muriau?
Pwy gododd dŷ i'r Oen di-nam
  Â fflam yn eu calonnau?

Islaw cyflymdra'r heol lwyd
  Bu'n aelwyd salm ac emyn,
A theulu'r Ffydd, o rod i rod,
  Yn canu clod i'r Duwddyn.

Yng nghyffro'r Sul bu cewri'r Gair
Yn ddiwair eu pregethu,
Ac ŷd y wlad wrth deimlo'r gwres
Yn dod yn nes at Iesu.

Â Chleddau Wen drwy'r cwm islaw
A'i halaw'n un â'r tonnau
Roedd egni'r côr dan do'r Tŷ Cwrdd
Yn cyffwrdd â chalonnau.

Ym Mhenybont mae rhywrai'n driw
Heddiw i Dduw tosturi:
Daw eto gân i'r Oen di-nam,
Mae'r fflam o hyd yn llosgi.

Eirwyn George

LLWYN-YR-HWRDD
(Teyrnged i'r bobl fu'n atgyweirio'r capel wedi iddo gael ei ddifrodi gan storm, Rhagfyr 1974)

Ar hynt daeth corwynt drwy'r cwm
I'r coed, a'u bwrw i'w codwm,
Rhuthro i'r pant yn ei anterth
Un arw nos, a bwrw'i nerth
Ar y Tŷ hen, codi'r to
Â'i ddyrnod oddi arno.
Y pren da ar borfa bedd,
Y garreg ar fan gorwedd
Hen seiri ei godi gynt
O gyrraedd grym y gyrwynt.

Ystyried wedi'r storom
Alwad y rhwyg a'r draul drom,
Galwad i'w ddiogelu
Â hyder fenter a fu.

A heb oedi bu adwaith
O'r cychwyn, esgyn i waith,
Crefftwyr a labrwyr ar lan
A'u gofal am do'n gyfan,
Newid gwedd nenfwd a gwal
A rhoi ceinwaith i'r cynnal.

O Lwynrhwrdd, corlan ar riw,
Chwydder y diolch heddiw,
Cafwyd, a theg yw cofio,
Yn ei bryd haelioni bro.

Bu nodded, fel bo'n eiddo
Oes a ddêl demel dan do.

Tomi Evans

BRYNSALEM
(Sydd bellach wedi cau)

Pedwar mur a tho
Yng nghanol rhes o feini plwm,
A llidiart harn a'u deil ynghlwm
Wrth gulffordd bro.

Hen fethel saint.
Fe droesant deirgwaith ar y Sul
I droedio hyd eu llwybyr cul.
Eu gwefr a'u braint.

Mae'n fud ers tro,
A chroga'r we o'i drawstiau brwnt,
Ond Duw sy'n lledu 'mhell tu hwnt
I bedwar mur a tho.

Eirwyn George

Y GYMANFA FODERN

Ar awgrym y Parchedig D Gerald Jones gyda chydweithrediad Emyr Phillips, arweinydd Aelwyd Maenclochog y flwyddyn honno, cynhaliwyd Cymanfa Fodern yng nghapel y Tabernacl ar nos Sul 8 Rhagfyr 1976. Hon oedd y Gymanfa Fodern gyntaf o'i bath, mae'n debyg, i gael ei chynnal erioed. Roedd y capel yn orlawn heb fod yn ddigon i ddal y gynulleidfa a ddaeth ynghyd. Fe ddatblygodd y Gymanfa Fodern wedyn i fod yn atyniad poblogaidd drwy Gymru gyfan a dod yn rhan hefyd o weithgareddau wythnos Eisteddfod Genedlaethol Abergwaun 1986.

Eto, mae'n deg cofio mai capel y Tabernacl, Maenclochog oedd ei chrud, ac fe ddaeth yn atyniad blynyddol yn y gymdogaeth hefyd am ddegawd crwn. Ymhlith yr arweinyddion gellir enwi'r Parchedig Elfed Lewys, Enid Thomas, Eilyr Thomas, Islwyn Evans, Rhiannon Lewis, Noel John a Clynog Davies.

Dyma ddetholiad o sylwadau y Parchedig D Gerald Jones ar natur a phwrpas y Gymanfa Fodern:

"Cenwch i'r Arglwydd gân newydd" ebe'r salmydd wrthym, a dyma oedd amcan gwreiddiol y Gymanfa Fodern. Y mae gan y genhedlaeth ifanc ei chân ei hun ynghyd â'i hoff gyfryngau cerddorol, a thybiodd rhai ohonom y dylid rhoi lle i'r cyfrwng hwn yn y cysegr er gogoniant i Dduw yn Iesu Grist ein Harglwydd. Dyna oedd diben ei sefydlu, annog yr ifanc yn yr eglwys i addoli Duw a Thad ein Harglwydd Iesu Grist yn eu hidiom a'u harddull hwy eu hunain.

Ar ei gorau, y mae'r gân fodern yn wisg addas i addoli Duw a dylem roi lle iddi yn wardrob Caniadaeth y Cysegr. Rhaid i bob cenhedlaeth a phob credadun addoli Duw yn eu dillad eu hunain. Felly, rhown le i'r amrywiol ddillad yn y cysegr gan gofio mai aelodau o un teulu ydym. Aelodau o deulu sy'n perthyn i genedlaethau gwahanol. Gwahanol eu dillad a'u diwylliant.

Y mae'r Gymanfa Fodern yn gyfrwng i ennyn ffydd yn y
Crist Cyfoes a dwyn yr ifanc i brofiad o olud yr Efengyl.

(D Gerald Jones. *Llyfr Lloffion Maenclochog,*
Peggy Williams 1988)

BYD Y CERDDOR

JOHN S. DAVIES

Ar ddechrau 2011 fe gyrhaeddodd John S Davies garreg filltir yn ei fywyd drwy ddathlu ei ben-blwydd yn 70 oed. Ers iddo gael ei eni yn 1941 ar ffarm y Forlan, nid nepell o bentre'r Mot, mae'n deg dweud iddo gyflawni gwaith aruthrol ym myd y gân, nid yn unig o fewn ei gymdogaeth ei hun, ond hefyd drwy Gymru gyfan. O gael ei fagu ar aelwyd Gristnogol a cherddorol dylanwadwyd yn bennaf arno gan ei fam gan iddo golli ei dad yn bump oed. Cafodd ei enwi ar ôl ei ewythr, John Stanley Davies a oedd yn arweinydd Côr King's Cross yn Llundain ac ef a blannodd hedyn canu corawl yng nghalon ei nai. Yn ôl y sôn, bu'r crwt bach yn dynwared arweinyddion wrth wrando ar gerddoriaeth ar y radio!

Dylanwad cryf arall arno oedd Ysgol Sul capel y Tabernacl, Maenclochog adeg gweinidogaeth y Parchedig Moelwyn Daniel. Cafodd gyfle'n ifanc iawn i arwain côr plant yr Ysgol Sul ar gyfer y Gymanfa Bwnc yn ogystal â pharatoi'r plant ar gyfer y Gymanfa Ganu. Yn y Tabernacl hefyd y dechreuodd wasanaethu wrth yr organ yn 14 oed. Dyma'r adeg yr enillodd ar yr Unawd Bechgyn dan 15 oed yn Eisteddfod Genedlaethol yr Urdd, Abertridwr 1955.

Wedi derbyn ei addysg yn Ysgol Penffordd ac Ysgol Uwchradd Syr Thomas Picton, Hwlffordd derbyniwyd ef yn fyfyriwr yng Ngholeg Brenhinol Cerd a Drama Cymru, Caerdydd. Yno y sefydlodd ei gôr cyntaf answyddogol gyda'r myfyrwyr. Yn y cyfnod hwn fe ddylanwadwyd arno gan bobl megis Ivor Owen, Abertawe yr arweinydd cymanfaoedd canu, Syr Charles Groves yr arweinydd corawl a cherddorfaol a'r Parchedig Emlyn Jenkins, gweinidog Ebeneser, Caerdydd. Cychwynnodd ei yrfa yn 1962 fel Pennaeth Cerdd Ysgol Y Bechgyn yn Didcot. Bedair blynedd yn ddiweddarach cafodd ei benodi yn Bennaeth Cerdd Ysgol Uwchradd Abergwaun lle y bu wrth y llyw am chwarter canrif. O fewn amser byr fe gychwynnodd ar weithgarwch cerddorol a heriol hefyd: sefydlu Côr Gogledd Penfro yn 1967 (a fu'n fuddugol yn Eisteddfod Genedlaethol Rhydaman 1970) ac a ddatblygodd i fod yn Gôr Dyfed; ef oedd sefydlydd Gŵyl Gerdd Ryngwladol Abergwaun yn 1970 a Chyfarwyddwr yr Ŵyl hefyd hyd 2006; arweinydd corau Eisteddfodau Cenedlaethol Hwlffordd 1972, Abergwaun 1986, Tyddewi 2002 a llenwi bwlch ar y funud olaf ar gyfer Cyngerdd Eisteddfod Genedlaethol Casnewydd 2004. Yn dilyn cyngerdd côr Eisteddfod Hwlffordd fe gamodd i mewn ar y funud olaf yn lle Syr Michael Tippett i arwain y côr gyda Cherddorfa Ffilarmonig Lerpwl. Fe arweiniodd hyn at brofiadau lu o gydweithio gyda cherddorfeydd Prydain.

Derbyniodd nifer o anrhydeddau am ei gyfraniad i fyd y gân: Gwobr Goffa John Edwards Urdd er Hyrwyddo Cerddoriaeth Cymru yn 1975; yr MBE yn 1997; Urdd Derwydd er Anrhydedd yn Eisteddfod Genedlaethol Môn yn 1999; M Mus. Prifysgol Cymru yn 2004; ac yn Gymrawd Coleg Brenhinol Cerdd a Drama, Caerdydd yn 2005.

Ond nid y clod a'r anrhydedd sy'n bwysig i John S Davies. Mae'n iawn i ddweud mai ei nod yw darparu cyfleoedd cerddorol o'r safon uchaf. Yn ddiflino, mae'n parhau i arwain tri chôr: Cantorion John S Davies, Côr Dewi Sant a Chôr Caerfyrddin sy'n perfformio'n rheolaidd ar y radio a'r teledu, yn ogystal â'i gyfrifoldeb am ddewis aelodau i Gôr Ieuenctid Cymru. Yn wir, mae wrth ei fodd yn cefnogi'r ifanc i ddatblygu eu doniau cerddorol ar bob cyfle.

Yn allwedd i'w holl egni i hybu cerddoriaeth gorawl y mae ei ymlyniad wrth y ffydd Gristnogol, rhywbeth sy'n cael ei amlygu nid yn unig mewn perfformiadau ond hefyd yn ei rôl fel arweinydd cymanfaoedd canu; fel cyfrannwr cyson i *Ddechrau*

Canu, Dechrau Canmol a *Chaniadaeth y Cysegr* a hefyd fel un o organyddion eglwys Nebo, Efailwen. Dyma'r rheswm, mae'n siŵr, paham y dewisodd 'Efailwen' yn enw i'w emyn-dôn yn *Caneuon Ffydd*. Mae'n aelod o Bwyllgor Caneuon Ffydd hefyd; ac mae galw cyson am ei wasanaeth fel beirniad yn yr Eisteddfod Genedlaethol, Prifwyl yr Urdd ac mewn eisteddfodau lleol. Amlygir ei ddyfnder cred yn ei ymwybyddiaeth o arwyddocâd ac ystyr geiriau'r emyn a'r anthem fel ei gilydd. Mae'n pwysleisio byth a hefyd mai cyfrwng yn unig yw'r gerddoriaeth i ddyfnhau ystyr y geiriau. Nid yw'n syndod, felly, fod ei gyngherddau yn troi'n wir addoliad. Onid yw englyn Mererid Hopwood iddo ar achlysur dathlu ei ben-blwydd yn crynhoi'r cyfan?

> Mae iaith yr alawon mân – ynddo'n cwrdd,
> Hwn y cerddor cyfan
> sy'n llenwi plwyf ei lwyfan
> â dawn gweld y nodau'n gân.

EILYR THOMAS

Ganed hi yn Efailwen yn unig blentyn i Arthur a Sarah Jenkins, Ffynnondeg. Cafodd ei haddysg gynnar yn Ysgol Pant-y-caws, ac Ysgol Ramadeg Hendy-gwyn cyn cael mynediad i Goleg y Drindod, Caerfyrddin. Gan fod canu yn rhan annatod ohoni ers dyddiau ei phlentyndod fe benderfynodd ddilyn cwrs lleisiol ychwanegol yng Ngholeg Cerdd a Drama, Caerdydd o dan hyfforddiant y tenor enwog Gerald Davies a Della Windsor.

Athrawes oedd Eilyr wrth ei galwedigaeth. Bu'n dal swydd yn Ysgol Maenclochog am bymtheng mlynedd cyn symud i fod yn bennaeth Ysgol Mynachlog-ddu tan i honno gau ei drysau yn 1995. Mae'n briod â Wynne, cyn-

berchennog Pobyddion Rhydwen, Llandysilio ac yn fam i
Betsan sydd newydd ddychwelyd i Sir Benfro fel cyfreithwraig
ar ôl bod am gyfnod yn Llundain, Bryste a Chaerdydd.

Mae'n dweud o hyd iddi fod yn ffodus i gael y cyfle i
gydweithio gyda Marianne Kenvyn Davies fel arweinyddes côr
merched Cantorion Cleddau. Bu'r côr yn teithio i bob rhan
o'r wlad i godi arian at wahanol achosion a mudiadau gan
gynnwys dinas Llundain yn y chwedegau.

Prif ddiddordeb Eilyr yw canu, naill ai fel aelod o gôr neu
fel unigolyn. Mae'n aelod o Gantorion J S Davies ar hyn o
bryd ac wedi bod yn unawdydd i'r côr hwnnw droeon mewn
cyngherddau ar hyd a lled y wlad a hefyd mewn gwledydd
tramor.

Daeth llwyddiant i'w rhan mewn llawer o eisteddfodau
rhanbarthol, Gŵyl Teeside yng Nghaerefrog, Eisteddfod
Ryngwladol Llangollen, Prifwyl Urdd Gobaith Cymru a'r
Eisteddfod Genedlaethol fel unawdydd mezzo-contralto. Ar
sail ei llwyddiant a'i gweithgarwch ym myd yr eisteddfodau
anrhydeddwyd hi â'r wisg wen yng Ngorsedd y Beirdd.
Mae'n aelod o Gyngor a Phanel Cerdd Sefydlog yr Eisteddfod
Genedlaethol hefyd.

Mae'n aelod ffyddlon yng nghapel Nebo, Efailwen, yn
ysgrifennydd yr eglwys ac yn ddiacones. Hi hefyd yw'r
organyddes.

Wedi ymddeol o'i gwaith, mae wrth ei bodd yn helpu ac
yn hyfforddi eraill ym myd y gân gartref ar ei haelwyd yn
Fedwen Aur, Llandysilio, gan fynd ati i ddysgu a pharatoi
cantorion ifainc ar gyfer eu gyrfaoedd ac ar gyfer cystadlu yn
eisteddfodau'r wlad. Mae galw cyson am ei gwasanaeth fel
beirniad cerdd.

MARILYN LEWIS

Un o blant Ebeneser, Wdig yw Marilyn Lewis a dechreuodd
chwarae'r organ yn Rhosycaerau, chwaer eglwys Ebeneser
hefyd yn ifanc iawn. Daeth yn adnabyddus fel unawdydd ar

lwyfannau eisteddfodau mawr a mân. Mae'n werth nodi mai yn eisteddfod Maenclochog, 1958 yr enillodd ei chwpan arian cyntaf am yr unawd dan 12 oed. Cipiodd y wobr yn Eisteddfod Genedlaethol yr Urdd y flwyddyn honno hefyd am yr un gystadleuaeth.

Wedi iddi briodi Gwyn a symud i ffermio ym Mlaenllwydarth nid nepell o bentre Maenclochog y daeth yn adnabyddus fel hyfforddwraig pobl ifanc – corau ac unigolion fel ei gilydd. Mae'n pwysleisio o hyd mai dysgu plant Ysgol Sul Llandeilo yng nghyfnod gweinidogaeth y Parchedigion Denzil James a Gerald Jones oedd ei cham cyntaf yn y cyfeiriad hwnnw. Yn wir, y mae bron â bod yn amhosibl sôn am ei holl weithgarwch gydag ieuenctid y fro. Hi oedd arweinydd Aelwyd yr Urdd yn Llangolman; bu'n asgwrn cefn i gangen Maenclochog o Frigâd Ambiwlans Sant Ioan ac yn hyfforddi aelodau Clwb Ffermwyr Ifainc Llys-y-frân ar gyfer y gystadleuaeth Siarad Cyhoeddus. Enillodd y clwb nifer o wobrau yn y Sioe Gerdd flynyddol hefyd o dan ei hyfforddiant.

Yn 1980 fe aeth ati i ffurfio Côr Newyddion Da – cynulliad o bobl ifanc 14-30 oed, a chôr y bu galw mawr am ei wasanaeth dros gylch eang. Yn 1982 fe aeth ati i ailddechrau Côr Newyddion Da yn dwyn yr enw Côr Iau Newyddion Da. Côr plant ydoedd a dyfodd i fod yn un o gorau mwyaf adnabyddus Cymru gyfan. Mae'n iawn i ddweud fod y côr hwn wedi ennill 36 o wobrau yn

Eisteddfod Genedlaethol yr Urdd ac 20 o wobrau yn y Genedlaethol. Mae'r côr hefyd wedi cymryd rhan mewn nifer o gyngherddau ar hyd a lled y wlad, wedi canu yn yr Albert Hall ac wedi ymddangos ar y teledu amryw o weithiau.

Dylid nodi hefyd fod nifer o ddisgyblion Marilyn, llawer ohonynt yn aelodau o'r côr, wedi ennill ar lwyfan eisteddfodau sy'n cynnwys y Genedlaethol, Prifwyl yr Urdd a Llangollen.

Yn 2006 fe aeth ati i ffurfio côr arall, côr oedolion y tro hwn, yn dwyn yr enw Côr Cwmni Da. Mae hwn yn gôr sydd wedi ymroi i gystadlu hefyd yn ogystal â chynnal cyngherddau di-ben-draw — weithiau yn gydymaith i Gôr Newyddion Da. Mae'r ddau gôr, fel ei gilydd, wedi bod ar deithiau mewn gwledydd tramor yn cynnwys Sbaen, Yr Almaen, Iwerddon, Ffrainc a Chanada, i godi arian at achosion da.

Derbyniwyd Marilyn yn aelod o Orsedd y Beirdd yn Eisteddfod Genedlaethol Llanelli 2000. Braint a phleser iddi oedd cael bod yn un o Lywyddion Anrhydeddus Eisteddfod Genedlaethol Tyddewi 2002. Ond uchafbwynt yr anrhydeddau oedd derbyn Medal Syr T H Parry-Williams yn Eisteddfod Genedlaethol Abertawe 2006 am ei gwaith yn meithrin a hybu'r diwylliant Cymreig ymhlith pobl ifanc y gymdogaeth.

Mae'n credu'n gryf mewn cefnogi eisteddfodau bach. "Oni bai am y steddfodau bach" meddai, "ni fyddai steddfodau mawr."

EIRWYN CHARLES

Ganed ef yn fab hynaf i'r Capt. Cecil a Mrs Lena Charles ar ffarm Glasfryn, Square and Compass yn 1926. Cafodd ei addysg yn Ysgol Gynradd Tre-fin ac Ysgol Sirol Tyddewi cyn cael mynediad i'r Brifysgol yn Aberystwyth i astudio Mathemateg.

John Davies, ei brifathro yn Ysgol Tre-fin a ddysgodd sol-ffa iddo, ond wedi iddo ddechrau yn Aberystwyth yr aeth ati i ganu unawdau gan ddiddanu'r myfyrwyr a mynychu eisteddfodau lleol gyda'i ffrind ysgol a'i gyd-fyfyriwr, James Nicholas.

Ar ôl rhai blynyddoedd yn dysgu cafodd gyfweliad gan gwmni opera Sadler's Wells ac yno y bu hyd nes iddo dynnu sylw teulu Wagner ac ennill ysgoloriaeth i astudio opera yn Bayreuth. Tra gyda'r Detmold Landestheatre bu'n brysur iawn yn teithio'r cyfandir mewn operâu megis y *Magic Flute* a *Barber of Seville*. Bu'n byw yng Ngenefa am rai blynyddoedd gan gael gwersi gan athro o La Scala, Milan a dysgu cerdd mewn coleg yno.

Kenya yn Affrica a ddenodd ei fryd wedyn gan roi cyfle iddo ganu a dysgu Mathemateg yn Nairobi. Wedi arhosiad byr yn Tenerife daeth yn ôl i Lundain a chymryd diddordeb mewn canu lieder. Sefydlodd gwmni teithiol i fynd o gwmpas y wlad i ganu opera. Ymweliad â Thyddewi yn 2009 oedd y tro olaf iddo gynnal cyngerdd yn y gymdogaeth hon.

Er ei fod yn Gymro i'r carn – ef oedd asiant Waldo Williams pan y bu iddo sefyll dros Blaid Cymru yn Sir Benfro adeg Etholiad Cyffredinol 1959 a daeth yn ôl o Affrica i helpu gydag ymgyrch lwyddiannus Gwynfor Evans yn etholaeth Caerfyrddin – yn Llundain y mae ei gartref. Pan nad yw'n gyrru ar ei feic o amgylch y brifddinas, mae'n canu mewn cyngherddau, a'r nodau isaf mor gyfoethog ag erioed.

Yn eglwys Annibynnol Rehoboth y codwyd ef ac roedd ei gartref gyferbyn â'r Mans lle'r oedd y Parchedig Dan Thomas a'i briod yn byw,. Bu'r cysylltiad rhwng y ddau deulu, cymeriadau o'r iawn ryw yn ôl yr hanes, yn un agos a chyfeillgar a dweud y lleiaf.

RUTH BARKER

Merch ei milltir sgwâr a fu Ruth Barker erioed. Ganed hi ym Mhorth-gain yn 1947. John ac Edna Edwards oedd ei rhieni. Roedd hi'n hanu o deulu o gantorion adnabyddus ym mro Dewi hefyd gyda'i thad a'i thad-cu Gad Edwards, y ddau ohonynt yn berchen ar leisiau bas godidog. Pan oedd Ruth yn bump oed symudodd y teulu i fyw yn Llanfirn, ryw dair milltir o Borth-gain. Addysgwyd hi yn ysgolion cynradd Llanrhian a Charnhedryn a hefyd yn Ysgol Uwchradd Dewi Sant, Tyddewi.

Wedi gadael yr ysgol uwchradd treuliodd dair blynedd yn

fyfyrwraig yng Ngholeg Cerdd a Drama Caerdydd, coleg a oedd ar y pryd yn y castell, ac mae'n cofio'n dda amdani'n cael gwersi piano yn y Black Tower gyda'i risiau serth, tywyll i gyrraedd yr ystafell! Wedi gorffen yn y coleg dychwelodd i Sir Benfro lle cyfarfu â'i gŵr Gordon oedd wedi symud o Swydd Derby i Dyddewi gyda'i waith yn ffatri thermostatau trydanol Otter Controls. Wedi iddynt briodi bu'r pâr ifanc yn ddigon ffodus i brynu tŷ ac ymgartrefu yn ardal Berea ryw hanner milltir o Lanfirn.

Bu'n aelod o Gapel yr Annibynwyr, Berea, ers yn ddeuddeg oed. Dechreuodd chwarae'r organ yn y capel hefyd pan oedd hi'n naw ac mae'n dal i wneud y swydd honno hyd heddiw — cyfnod o 55 o flynyddoedd. Mae newydd gael ei hethol yn ysgrifenyddes yr eglwys hefyd.

Dechreuodd ganu mewn eisteddfodau pan oedd yn ferch fach a daeth galwadau di-ri iddi i ddifyrru cynulleidfaoedd mewn cyngherddau a nosweithiau llawen. Wedi i'r Parchedig Elfed Lewys ddod yn weinidog ar eglwysi cylch Berea taflwyd hi i'r byd recordio. Aeth Elfed ati i'w hannog i gyfansoddi caneuon cyfoes ar gyfer aelwyd Abereiddi i'w canu yn Eisteddfodau'r Urdd. Hi oedd yn cyfansoddi'r geiriau a'r gerddoriaeth. Elfed a'i perswadiodd hefyd i gyhoeddi ei halbwm cyntaf *Canaf Gân* gan Gwmni Recordio Sain yn 1979. Mae'n cynnwys 14 o ganeuon a daw'r teitl o gytgan y suo-gân i'w merch, sef 'Sara Fach'.

Dilyniant i honno oedd *Priodas* (teitl un o'r caneuon) a gyhoeddwyd gan Gwmni Fflach yn 1989. Erbyn hyn roedd rhod amser wedi troi a Sara Fach wedi priodi Lynn. Felly, roedd y teitl yn uno'r ddwy record yn ogystal â dathlu'r diwrnod mawr.

Cyhoeddodd hefyd 'Cân Eisteddfod Genedlaethol Cymru

Abergwaun a'r Fro 1986' eto gan Recordiau Sain. Mae'n cynnwys y gân 'Porth-gain' a ysbrydolwyd pan lwyddodd y trigolion i brynu'r pentre o afael y Sheffield Brick Company. Fel y dywedodd Elfed Lewys — ymladd yn erbyn y *big man*. Cyhoeddodd Ruth Barker hefyd sengl Saesneg ar gyfer y badau achub lleol.

Hi, ynghyd â'i ffrind Elspeth Cotton, a ddechreuodd yr Ysgol Feithrin yng Nghroes-goch yn 1975. Bu'n gweithio hefyd gyda'r *County Echo* yn Abergwaun gan esgyn i sedd y Golygydd. Erbyn hyn mae hi a'i gŵr wedi ymddeol ac wrth eu bodd yn mynd ar wyliau ar hyd a lled Cymru gyfan.

MANDY WILLIAMS

Ganed hi yn 1961 yn un o ddau o blant i Peter a Ceinwen Williams, Morawel, Rhosygilwen ger Cilgerran o fewn tafliad carreg i gapel Tŷ-rhos lle mae'r teulu yn aelodau. Bu'n dioddef yn arw o Dystroffi'r Cyhyrau erioed, y dolur sydd yn araf ddinistrio'r cyhyrau ac yn atal symudiadau'r corff.

Addysgwyd hi yn Ysgol Gynradd Cilgerran ac yn Ysgol y Preseli ac mae'n dweud o hyd fod ei dyled yn fawr i Rhiannon Davies (Lewis wedyn), ei hathrawes Gerdd yn yr ysgol uwchradd.

Roedd cerddoriaeth yn ei gwaed ac yn rhan bwysig o'i bywyd bob amser. Arferai dreulio pob penwythnos yn mynd o

gwmpas yr eisteddfodau i gystadlu. Cafodd gryn lwyddiant hefyd, nid yn unig yn yr eisteddfodau lleol ond fe enillodd sawl gwaith yn Eisteddfod Pontrhydfendigaid am ganu a chwarae'r piano.

Ar ôl i'w hiechyd waethygu bu'n rhaid iddi roi'r gorau i ganu a dysgu'r plant i chwarae'r piano. Penderfynodd arall-gyfeirio a throi at gyfansoddi emyn-donau.

Y dôn gyntaf iddi ei chyfansoddi oedd 'Cymorth' pan oedd hi'n ddisgybl yn Ysgol y Preseli. Tôn ydyw a gyfansoddwyd i eiriau emyn J Dennis Jones i drueiniaid y Trydydd Byd a thôn a enillodd y wobr iddi yn Eisteddfod Maenclochog. Erbyn hyn y mae wedi cyfansoddi dros hanner cant o emyn-donau i gyd. Mae'n amlwg fod yr ymdeimlad o berthyn yn golygu llawer i Mandy. Ymhlith ei ffefrynnau hi ei hun y mae 'Hannah Mary', enw ei mam-gu, tôn a gyfansoddwyd i eiriau emyn Nansi Evans a fu'n fuddugol eto yn Eisteddfod Maenclochog. Carol Nadolig yw'r dôn 'Gwyn' a gyfansoddwyd er cof am hen ewythr iddi a fagwyd yn Rhosygilwen ac mae 'Dyffryn Arel' wedi ei henwi ar ôl cartre hen fam-gu iddi yn Bynea ger Llanelli.

Mae enwau lleoedd yn hawlio eu lle hefyd yn rhestr enwau'r emyn-donau. Afonydd bychain yn ei milltir sgwâr yw 'Piliau', 'Plysgog' a 'Morgennau' ac enw ar fynyddoedd yn Sir Ddinbych yw 'Clwydian' lle'r oedd cartre modryb iddi oedd yn hanu o ogledd Sir Benfro. Un o byllau afon Teifi yw 'Porthfa', enw'r dôn a enillodd y wobr i Mandy yng Ngŵyl Fawr Aberteifi 2001.

Enillodd y wobr hefyd yn Eisteddfod Genedlaethol Tyddewi 2002 gyda'r dôn 'Godre'r Grogwy' i eiriau emyn comisiwn Idwal Lloyd ac ennill drachefn yn Eisteddfod Genedlaethol Meifod 2003 gyda'r dôn 'Rhosygilwen'. Yn wir, bu bron iddi â chyflawni'r *hat-trick* drwy ddod yn ail yn y Genedlaethol yng Nghasnewydd 2004 hefyd gyda'r dôn 'Glasinfryn'.

Bu llawer o ganu ar ei thôn ysgafn 'Cân y Gwanwyn' i eiriau emyn Rachel James gan gôr plant Lleisiau'r Fro o dan arweiniad Eluned Young Jones, Aberteifi; a chwblhawyd crynoddisg o emyn-donau Mandy gan Gôr Crymych a'r Cylch o dan arweiniad Eiry Jones yn 2003.

Er iddi dreulio 30 mlynedd bellach mewn cadair olwyn dywed Mandy ei bod wedi bod yn ddigon ffodus i glywed nifer o'i thonau yn cael eu canu ac mae'n ddiolchgar iawn i'r bobl sydd wedi dangos diddordeb ynddynt.

BLAENWERN

William Penfro Rowlands yw awdur yr emyn-dôn 'Blaenwern'. Ganed ef yn 1860 yn ffermdy Dan y Coed sydd bellach wedi troi'n adfeilion ar gyrion cronfa ddŵr Llys-y-frân. Ond gadael ei fro enedigol yn ifanc a fu hanes William Rowlands — ychwanegiad diweddarach oedd yr enw canol "Penfro". Aeth i Dreforys yn 20 oed i fod yn athro yn ysgol newydd Pentre-poeth a'i ddyrchafu'n brifathro yn yr un ysgol yn ddiweddarach. Wedi iddo symud i Dreforys ymaelododd yng nghapel y Tabernacl, un o eglwysi cryfaf yr Annibynwyr yng Nghymru ar y pryd, a bu'n arweinydd y gân a chôr-feistr yn yr eglwys honno am 27 o flynyddoedd.

Mae hanes cyfansoddi 'Blaenwern' yn ddiddorol. Pan oedd Tom, ei unig blentyn, yn fachgen bach, bu'n ddifrifol wael o'r *pneumonia*. Aeth ei dad ag ef i aros ar wyliau gyda theulu Jonathan Perkins ar ffarm Blaenwern ar gyrion sgwâr Tufton yng ngogledd Sir Benfro i geisio gwellad. Dywed traddodiad yr ardal iddo gael yr ysbrydoliaeth i gyfansoddi'r emyn-dôn wrth bwyso ar glwyd un o'r caeau a elwid yn Colsa. Cyflwynodd hi mewn gwerthfawrogiad i deulu Jonathan Perkins a'i henwi yn 'Blaenwern'.

Mae'n wir hefyd iddi gael ei chyfansoddi ar gyfer ei defnyddio yn Oedfa'r Cymun yng nghapel y Tabernacl, Treforys lle'r oedd hi'n arferiad i ganu emyn i goffáu aelodau a fu farw yn ystod y mis. Ar eiriau adnabyddus emyn Ieuan Glan Geirionydd

Enaid cu, mae dyfroedd oerion
Yr Iorddonen ddu gerllaw,

y cenid hi ar y dechrau. Ond fe ddaeth y dôn 'Blaenwern' yn hynod o boblogaidd nid yn unig yng Nghymru a Lloegr ond hefyd mewn gwledydd tramor megis America, Awstralia a Dwyrain Asia. Mae wedi ymddangos hyd yn oed mewn casgliad o emynau a gyfansoddwyd yn gyfan gwbl yn iaith Tseina.

BLAENWERN M10 / 87.87.D.

Doh Ab

W. PENFRO ROWLANDS, 1860-1937

CANEUON CRISTNOGOL

LLYTHYRAU

Llythyrau ydym ni i Grist,
A'r blotiau yw'n pechodau,
Ysgrifen wael yw'n rhodio ffôl,
A'n bywyd yw'r brawddegau.

Mae Iesu Grist yn dysgu'r ffordd
I ni 'sgrifennu'r llythyr,
Defnyddio dameg yn lle inc
A gweithred yn lle papur.

Rhaid dechrau'r llythyr hwn bob tro
Drwy gyfarch Duw fel Tad,
A 'sgwennu'n ddyfal ar ein hynt
Nes cyrraedd mewn i'w wlad.

Rhaid rhoi'r cyfeiriad arno'n glir
Heb un camsyniad ynddo,
Rhaid gweled fod y stamp yn iawn
A llun yr Arglwydd arno.

'Rôl anfon y llythyrau hyn
I'w darllen gan yr Un,
Fe gawn fynediad wedi'r daith
At Iesu Grist Ei hun.

Ray Samson

BOED I MI FEDDWL

A minnau ynghanol moethau tu mewn i'm cartref clyd,
O! Dduw, boed i mi feddwl, i feddwl mwy
Am y rhai rhwng muriau carbod ar balmentydd oer y stryd,
O! Dduw, boed i mi feddwl yn daer amdanynt hwy.

A minnau mor esgeulus gyda'r sbwriel sy'n fy nhŷ,
O! Dduw, boed i mi feddwl, i feddwl mwy
Am y llygredd sy'n difetha'r creaduriaid greaist Ti,
O! Dduw, boed i mi feddwl yn daer amdanynt hwy.

A minnau'n ddall i'r rhyddid a'r hedd o'm cylch bob dydd,
O! Dduw, boed i mi feddwl, i feddwl mwy
Am y plant sy' ynghanol tanciau ac sy'n ofni'r gynnau cudd,
O! Dduw, boed i mi feddwl yn daer amdanynt hwy.

A ninnau'n gweld y llygaid a'u gweld yn adrodd gwae,
O! Dduw, boed i mi feddwl, i feddwl mwy
Am y rhai sy'n gaeth i'r nodwydd a'u bywydau byr ar drai,
O! Dduw, boed i mi feddwl yn daer amdanynt hwy.

Ond yn bennaf boed i minnau ynghanol drygau f'oes
Roi f'amser Dduw i feddwl, i feddwl mwy
Am yr Un a ddioddefodd drosof i ar bren y Groes,
O! Dduw, boed i mi feddwl a chofio grym ei glwy'.

Nest Llwyd

AWDURON NODEDIG

AZARIAH SHADRACH (1774–1844)

Fe'i ganed yn Garndeifo-fach nid nepell o Lanychaer. Pan oedd yn saith oed symudodd y teulu i Burton yn ne Sir Benfro. Ond ymhen tair blynedd mynnodd Azariah ddychwelyd i ogledd y sir i fyw gyda'i fodryb ym mhentre Trewyddel ar lan y môr. Yno y treuliodd flynyddoedd ei lencyndod, a derbyniwyd ef yn aelod gyda'r Annibynwyr yng nghapel Bethel.

Aeth yn was ffarm wedyn at y Parchedig John Richards, gweinidog Trefgarn, Rhodiad a Rhosycaerau – ar yr amod ei fod yn cael darllen llyfrau ei feistr yn ystod ei oriau hamdden! Gwnaeth yn fawr o'r cyfle hefyd a thyfodd maes o law i fod yn un o awduron mwyaf cynhyrchiol ei gyfnod yn y Gymraeg. Ym mhulpud Rhosycaerau y dechreuodd bregethu.

Bu'n cadw ysgol wedyn yn Hirnant, Pennal, Derwen-las a Threfriw yn ogystal â mynd ar deithiau pregethu yn y Gogledd a'r De fel ei gilydd. Yn 1802 urddwyd ef yn weinidog yn Llanrwst a symudodd yn ddiweddarach i gymryd gofal eglwysi Talybont a Llanbadarn Fawr yn Sir Aberteifi. Ymhen tipyn rhoes y gorau i'r ofalaeth honno hefyd i ganolbwyntio ar gychwyn achos yr Annibynwyr yn Aberystwyth. Ffrwyth ei lafur oedd agor capel Seion, Penmaesglas yn 1823 (lle mae canolfan Merched y Wawr heddiw) ac yno y bu'r eglwys yn cyfarfod hyd nes y symudodd i Baker Street yn 1878. Symud a fu hanes Azariah Shadrach hefyd yn 1823 i ofalu am eglwys yn Dursley ond ym mynwent Sant Mihangel, Aberystwyth y claddwyd ef wedi ei farw yn 1844.

Bu'n awdur toreithiog iawn. Cyhoeddodd 24 o gyfrolau o natur ddiwinyddol yn cynnwys teitlau fel: *Allwedd Myfyrdod* (1801), *Perlau Calfaria* (1808), *Rhosyn Saron* (1816) a *Blodau'r Ffigysbren* (1837). Ei gyfrol fwyaf nodedig efallai yw ei hunangofiant sy'n dwyn y teitl *Cerbyd o Goed Libanus*. Nid yw'n syndod iddo gael ei alw yn "Bunyan Cymru".

Cyhoeddodd hefyd nifer o emynau mewn gwahanol gasgliadau yn cynnwys yr emyn poblogaidd:

Os gofyn rhywun beth yw Duw,
Atebwn ni mai cariad yw...

THOMAS REES

Ganed ef yn nhyddyn Dolaeron ym mhlwyf Llanfyrnach ond cafodd ei fagu gan rieni maeth ar ffarm Waunfelen yn ymyl pentre Crymych. Cafodd ei addysg gynnar yn ysgol Mynachlog-ddu ond gan fod y teulu wedi newid cartre ddwywaith yn ystod ei blentyndod bu'n ddisgybl hefyd yn ysgolion Blaen-ffos a Hermon. Er ei fod yn blentyn galluog iawn nid oedd pall ar ei ddireidi – yn taflu cerrig drwy ddrysau cartrefi ac agor clwydi ar gaeau ffermydd cyfagos er mwyn i'r anifeiliaid grwydro a mynd ar goll. Dywed T Eirug Davies yn ei gyfrol *Prifathro Thomas Rees* (1939): os nad oedd e'n perthyn i'r Thomas Rees arall (Twm Carnabwth) fe ddylai fod oherwydd roedd anian y gwrthryfelwr ynddo'n ifanc.

Wedi gadael ysgol aeth yn was ar ffarm gyfagos y Gwndwn gan fynd â'i lyfrau ysgol gydag e i'w darllen ar bob cyfle. Tystiai un o'i gymdogion fod ganddo ddyfais wedi ei gosod rhwng cyrn yr aradr i ddal llyfr ar agor wrth aredig y maes. Aros am ychydig i ddarllen wrth droi'n ôl ar bentalar oedd y drefn a'r ceffylau'n gwerthfawrogi hoe fach! Bu'n was wedyn ar nifer o ffermydd y gymdogaeth a dywedir ei fod yn gwario cymaint o amser yn darllen yn ei wely yn ystod y nos nes ei fod yn cysgu ar ei draed yn aml wrth ei waith bob dydd.

Troes hefyd yn gapelwr selog. Unwaith, pan oedd e'n was ar ffarm Pontygafel, roedd y gwartheg wedi torri i mewn i'r cae llafur un bore Sul. Rhoes y meistr, a oedd yn digwydd bod yn Ynad Heddwch, orchymyn i'r gwas i gadw llygad arnynt yn ystod y bore iddo ef gael mynd i'r Oedfa Gymun yng Nglandŵr.

Dyfynnaf o gofiant Eirug Davies:

Tua hanner y cwrdd daeth ceidwad y gwartheg (Thomas Rees) i mewn i'w sedd ac eistedd yn hamddenol er syndod pryderus i'w feistr. Wedi mynd allan cyfarfu'r ddau a dechreuai'r meistr ddisgyblu'n llym. "O," meddai'r troseddwr, "euthum i â'r bilwg i gau'r bwlch, ac y mae popeth yn iawn". Ar hyn troes sêl y meistr oddi wrth y gwenith at gadwraeth y Sul. "Est ti ddim â bilwg ar y Sul?". "Wel," oedd yr ateb, "pa un oedd orau, oedd i mi wylio'r da a cholli'r cymundeb, neu yntau ddefnyddio bilwg a chael yr oedfa?" Dyna un achos na roes yr ynad heddwch ddedfryd arno!

Yn 1888 cododd ei bac a mynd yn löwr yn Aberdâr. Ond cyn pen dwy flynedd penderfynodd ei throi hi tua'r weinidogaeth.

Dringo'n uchel ym myd addysg fu ei hanes wedyn. Wedi cwblhau ei gwrs yng Ngholeg Presbyteraidd Caerfyrddin enillodd brif anrhydeddau Prifysgol Cymru, Llundain a Choleg Mansfield Rhydychen. Penodwyd ef i gadair ddiwinyddol Coleg Coffa Aberhonddu yn 1899 ac yn brifathro Coleg Bala Bangor yn 1909.

Daeth i'r amlwg fel heddychwr yn ystod y Rhyfel Mawr a dioddefodd lawer oherwydd ei ddaliadau. Melltithiwyd ei enw'n gyhoeddus, cafodd ei ddiarddel o'r Clwb Golff, amheuwyd ei addasrwydd fel Pennaeth Coleg ac edrychid arno fel un i'w osgoi ymysg dynion. Daliodd ei dir hyd yr eithaf a gwnaeth ddefnydd helaeth o Y Deyrnas, y cylchgrawn yr oedd yn olygydd arno, i hyrwyddo'i amcanion. Ef hefyd oedd golygydd Y Dysgedydd a phrif olygydd Y Geiriadur Beiblaidd.

T E NICHOLAS (1879–1971)

Bardd ymosodol, pregethwr tanllyd a Chomiwnydd rhonc. Ganed ef yn Y Llety, Pentregalar wrth droed Crugiau Dwy ar noson dymhestlog o hydref. Yn ôl ei sylwadau ef ei hun, dewisodd ddilyn y storm (neu'r storm ei ddilyn yntau) am weddill ei oes. Wedi bod yn fyfyriwr yn Academi'r Gwynfryn yn Rhydaman bu'n weinidog gyda'r Annibynwyr am gyfnod byr yn Horeb, Llandeilo a hefyd yn y Weinidogaeth Gynulleidfaol yn Dodgeville, UDA. Wedi dychwelyd i Gymru derbyniodd alwad i fugeilio eglwys Annibynnol Y Glais yng Nghwm Tawe.

Yn ystod y cyfnod hwn daeth i amlygrwydd fel bardd y werin a phroffwyd y Blaid Lafur Annibynnol yng Nghymru. Symudodd i fod yn weinidog yn Llangybi a Llanddewibrefi yn Sir Aberteifi o 1914 hyd 1918. Ef, yn anad neb arall oedd lladmerydd Cymraeg y chwyldro sosialaidd yn Ne Cymru. Daeth yn un o gyfeillion agos Keir Hardie. Nid oedd pall ar ei weithgarwch. Bu'n ysgrifennu'n gyson i'r papurau newydd yn condemnio rhyfel a thrais, ac yn annerch ar lwyfannau politicaidd ar hyd a lled y wlad. Roedd yn heddychwr digymrodedd a daliai ar bob cyfle i ladd ar y frenhiniaeth a'r cyfalafwyr.

Daeth i amlygrwydd mawr fel gwrthwynebydd cydwybodol ar ddechrau'r Rhyfel Byd a bu'n rhaid iddo ddioddef sen a gwaradwydd llawer o'i gyd-Gymry (a'i gyd-weinidogion hefyd) oherwydd ei ddaliadau gwrth-filitaraidd. Pan ddaeth y Rhyfel i ben yn 1918, T E Nicholas a ddewiswyd gan y Blaid Lafur Annibynnol i ymladd hen sedd Keir Hardie yn etholaeth Aberdâr.

Wedi diwedd y Rhyfel dysgodd ef a'i briod grefft deintyddion a sefydlu practis ym Mhontardawe. Symudodd i Aberystwyth yn fuan wedyn a bu'r hen rebel gwleidyddol yn ddeintydd yn y dref honno hyd ei farw yn 1971. Daliodd hefyd i bregethu bron bob Sul hyd ddiwedd ei oes.

Daliodd i fod yn heddychwr cadarn yn ystod yr Ail Ryfel Byd hefyd. Ni allai beidio â phrotestio yn erbyn erchyllterau'r ymladd mewn gair a gweithred. Cafodd ei ddrwgdybio o fod yn bleidiol i'r gelyn a thaflwyd ef a'i fab Islwyn i garchardai Abertawe a Brixton. Yn ystod ei arhosiad yn y carchar fe ysgrifennodd 283 o sonedau (y rhan fwyaf ohonynt yn condemio'r rhyfel) ac fe'u cyhoeddodd mewn dwy gyfrol yn ddiweddarach. Cafodd y ddau eu traed yn rhydd ymhen deufis heb i'r awdurdodau ddwyn yr un cyhuddiad yn eu herbyn.

Un o drobwyntiau mawr ei fywyd oedd ymuno â'r Blaid Gomiwnyddol yn 1920. Cafodd y Chwyldro mawr yn Rwsia yn 1917 effaith ddofn ar ei syniadau gwleidyddol. Ffurfiodd ei weledigaeth ei hun o'r ddelwedd Gomiwnyddol a llwyddodd hefyd i gyfuno Marcsiaeth a Christnogaeth yn yr un gorlan! Troes yn un o broffwydi tanbeitiaf y Blaid Gomiwnyddol yng Nghymru. Roedd yn edmygydd mawr o Rwsia a dywedir iddo rhwng 1917 a 1945 draddodi dros fil o ddarlithoedd ar yr Undeb Sofietaidd yn unig.

Fel bardd, daeth T E Nicholas â llais newydd i farddoniaeth ei gyfnod. Gwadodd y canu rhamantaidd a'r ymhyfrydu mewn byd natur yn gyfan gwbl. Byd dynion oedd anadl einioes ei farddoniaeth ef. Dilorni galanastra'r rhyfeloedd a dyrchafu "gwerin y graith" oedd themâu amlycaf ei ganu. Cyhoeddodd 16 o gyfrolau o'i farddoniaeth yn ystod ei oes hirfaith a theitl y gyfrol olaf a ddaeth o'i law yn 1963 oedd *Rwy'n Gweld o Bell*.

HEFIN WYN

Maged ef yn mhentre bach Y Glog ar lan afon Taf. Gweinidog eglwysi Annibynnol Llwyn-yr-hwrdd a Brynmyrnach oedd ei dad, y Parchedig A Lloyd Harries, a daeth Hefin yn gyfarwydd ag iaith goeth y pulpud yn gynnar yn ei oes. Addysgwyd ef yn Ysgol Gynradd Hermon, Ysgol y Preseli a Choleg Prifysgol Cymru, Aberystwyth.

Roedd inc yn ei waed yn ifanc. Enillodd fwy nag unwaith ar draethawd y *Western Mail* pan oedd yn ddisgybl yn Ysgol y Preseli. Bu'n olygydd *Llais y Lli*, papur newydd y myfyrwyr yn y coleg yn Aberystwyth a hefyd yn olygydd *Y Ddraig*, cylchgrawn llenyddol y myfyrwyr.

Nid yw'n syndod iddo droi i fyd newyddiaduraeth wedi gadael y coleg. Bu'n ohebydd ar staff *Y Cymro* yng Nghroesoswallt a hefyd yng Nghaerdydd cyn troi i fyd y cyfryngau gan weithio i'r BBC a HTV yn y brifddinas a hefyd ar ôl iddo ddychwelyd i fyw yn Sir Benfro yn 1989.

Datblygodd i fod yn llenor cynhyrchiol. Cyfrol yn bwrw golwg ar y grŵp pop Edward H Dafis yw ei gyfrol gyntaf *Doedd Neb yn Becso Dam* a gyhoeddwyd yn 1997. Roedd cyflwyno hanes grŵp pop ar y pryd yn rhywbeth cwbl newydd yn y Gymraeg. Dilynwyd hi gan ddwy nofel — *Bodio* sy'n dilyn hynt a helynt bachgen o'r wlad yn symud i Gaerdydd ac yn ymgolli ym "mywyd gwyllt" y ddinas; a stori dditectif *Bowen a'i Bartner,* wedi ei seilio ar sgript pennod ola'r gyfres deledu o'r un enw gan Siôn Eirian.

Dychwelyd i fyd y canu poblogaidd a wnaeth yr awdur yn ei gyfrolau *Be Bop a Lula'r Delyn Aur* a *Ble Wyt Ti Rhwng?* — dwy gyfrol swmpus yn bwrw golwg ar y canu poblogaidd Cymraeg o 1980 hyd 2000.

Llyfr taith yn tywys y darllenydd o gwmpas Bolivia yn Ne America yw *Lle Mynno'r Gwynt* yn dadlennu ffordd o fyw trigolion un o wledydd y Trydydd Byd. Llyfr taith yw *Pwy Biau'r Ddeilen?* hefyd yn rhoi inni beth wmbredd o wybodaeth yn ymwneud â hanes a thraddodiadau brodorion Canada. Aros gartre a wnaeth y teithiwr yn *Pentigili* i ddilyn Llwybr Arfordir Sir Benfro yr holl ffordd o Landudoch yn y gogledd i Lanrhath yn y de. Prif arbenigrwydd y daith 184 o filltiroedd yw'r ffaith fod yr awdur, bob amser, yn ymateb ac yn dadansoddi'r cyfan drwy lygad Cymro Cymraeg.

Hefin hefyd yw golygydd y cyfrolau *Mamgu, Siân Hwêl a Naomi,* llyfr sylweddol yn ymwneud â hanes Maenclochog a'r cyffiniau a'r gyfrol ddwyieithog *O'r Witwg i'r Wern* sy'n bwrw golwg gynhwysfawr ar hanes plwyfi Llandeilo, Llangolman a Mynachlog-ddu.

Ymdrin â phrotest y trigolion yn erbyn bwriad y Swyddfa Ryfel i droi darn helaeth o'r gymdogaeth yn faes tanio parhaol i'r fyddin yw cynnwys *Brwydr y Preselau.* Mae'n ffrwyth ymchwil difesur ac yn ddadansoddiad trylwyr o safiad y bobl leol yn erbyn grym a gormes Llywodraeth y dydd. Trech gwlad nag arglwydd. Cyhoeddwyd cyfeithiad Saesneg o'r gyfrol hefyd.

Sbardun i weithgarwch creadigol Hefin Wyn oedd dilyn y Cwrs M.A. mewn Ysgrifennu Creadigol yng Ngholeg y Drindod, Caerfyrddin 1997–98. Mae'n ymhél â'r awen weithiau ac wrth ei fodd yn ysgrifennu pytiau o hanesion yn nhafodiaith ei sir enedigol. Ymddangosodd llawer ohonynt yn y cyfrolau *Wês Wês* (goln) Gwyn Griffiths a John Phillips. Bu'n olygydd *Clebran,* papur bro'r Preseli am rai blynyddoedd hefyd.

CERDDI CREFYDDOL

CWESTIWN PEILAT

Ni chafwyd ateb eto. Ym mhob rhandir
Gofynnir yr un cwestiwn gan bob oes;
Meddyliau effro ar y pum cyfandir
Yn chwilio am ateb mewn drycinoedd croes:
Oesau yn disgwyl am yr ateb pendant,
Proffwyd a gwleidydd fel ar flaenau'u traed,
Y bardd wrth gyffwrdd â chyfaredd hendant
Ag awydd gwybod yn cyflymu ei waed.
Lladdwyd gan Peilat — lleddir gan y gwledydd
Yr unig Un a all ateb holi'r byd;
Mae croes ar fryniau'n aros y gweledydd
Sydd ar wirionedd wedi rhoddi ei fryd:
A'r unig Un a allai'n hateb ni
Ar Groes yng Nghymru fel ar Galfari.

T E Nicholas

110

NADOLIG

Pwy yw hwn? —
  y gŵr ifanc gwelw
  â gwaed wedi ceulo
  yn grachen
  ar ei ddwylo brwnt.

Pwy yw hwn? —
  sy'n mynnu gwthio'i hun
  i mewn i'r parti
  heb wahoddiad.

Pwy agorodd iddo'r drws?
  Beth? —
  y drysau wedi'u cloi?
  Dwli!

"Tangnefedd i chwi!"

Bydd ddistaw! —
  'does gennym ni
  mo'r amser
  na'r awydd
  i wrando ar dy gleber ffôl.

"Yr wyf yn eich anfon…"

Ein hanfon? —
  a ninnau yma
  i ddathlu'r Nadolig.
  Dim diolch!

Canu carolau,
drama'r geni
a'r plant wedi'u gwisgo
fel Joseff a Mair,
fel bugeiliaid ac angylion;
   a'r ddoli fach
   yn gorwedd yn dawel lonydd
   yn y preseb.

Pawb yn fywiog fyw —
   pawb ond y ddoli yn y gwair.

Babi plastig
   yn gelain yn ei grud —
   dyna Grist ein Nadolig ni.
   Cymeriad mud
   mewn drama plant —
   dyna i gyd.

Ni all Crist felly
   yngan yr un gair
   i bwyso arnom
   afresymol ofynion ei ewyllys,
   "Ewch" a "Gwnewch".

Gwena'r babi plastig —
   gan roi sêl ei fendith
   ar ein Nadolig ni.

Aled ap Gwynedd

CYFFES

Pan welais luniau o blant yn eu poen,
A hwythau yn ddim ond esgyrn a chroen,
Cyffesaf im gredu nad oedd yr un Duw,
Fod Iesu yn farw a Herod yn fyw.

Pan welais y tanciau erchyll eu rhu
Yn bygwth rhai oedd â'u protest yn hy,
Fe gredais na chedwid dim byd o werth
Am mai satan a'i lu oedd fwyaf eu nerth.

Pan welais fod bom wedi ffrwydro'n sarn
Nes rhwygo cyrff pobol yn ddarn a darn,
Cyffesaf im gredu mai grym oedd yn ben
Ac mai breuddwyd ffôl oedd y 'loywach nen'.

Pan welais fod dicter mewn llawer man,
A bod y rhai cryf yn gormesu'r gwan,
Fe gredais mai hyn ydoedd ffordd y byd,
A bod sôn am gariad yn dwyll i gyd.

Ond heddiw fe welais amynedd mam
A'i chariad mawr at un bach oedd â nam,
A gwelais ŵr oedd yn gyflawn o ras
Yn maddau'n llwyr i'w elynion cas.

A chredaf bellach wrth fynd ar fy nhaith
Fod nef ar y ddaear o hyd yn ffaith;
Cyhoeddaf heb ofni, 'Mae Duw yn bod,
Mae'r Iesu yn fyw, ac iddo bo'r clod'.

W Rhys Nicholas

CAPLANIAETH YSBYTY

gan Geoffrey Eynon

Gŵr neu wraig wedi eu hordeinio o fewn enwad Cristnogol (neu unrhyw grefydd arall) yw'r cymhwyster i fod yn Gaplan Ysbyty. Cefais fy mhenodi yn Gaplan rhan amser Ysbyty Llwynhelyg yn 1993. Cyn hynny, roedd gofyn i'r Caplan fod yn weinidog ar un o eglwysi Hwlffordd a cham newydd oedd penodi rhywun y tu allan i ffiniau'r dref. Cyngor Eglwysi Rhyddion Sir Benfro oedd yn cyflwyno f'enw i Gyngor Eglwysi Rhyddion Prydain, hwythau'n gwneud y penderfyniad terfynol a chynnig f'enw i Ymddiriedolaeth Sir Benfro.

Cyn derbyn y gwahoddiad bu'n rhaid imi ystyried yn ddwys a oeddwn yn gwneud y peth iawn. A oeddwn yn barod i symud ymlaen? A oedd amser gennyf i gyflawni gorchwyl arall o fewn gofynion fy ngweinidogaeth? Teimlwn ei bod hi'n bwysig fod un o'r caplaniaid yn medru siarad Cymraeg, yn arbennig wrth ymweld â'r henoed a phlant bach uniaith Gymraeg. Ac, yn wir, mae'r cyfnod ers imi fod yn Gaplan yn yr ysbyty wedi profi ganwaith drosodd fod y Gymraeg yn bwysig.

Beth yw cyfrifoldeb y Caplan? Nid bod yno i wthio ein crefydd ar neb yw ein gwaith ond cwrdd ag anghenion ysbrydol y cleifion a'r staff, yn enwedig y rhai sydd wedi methu â chadw mewn cyswllt â'u heglwysi eu hunain. Dyma dair egwyddor sylfaenol:

1) Bod yno i wrando ar y *claf!* Bod wrth wely'r cleifion i wrando arnynt yn mynegi eu gofidiau, efallai wrth wynebu triniaeth lawfeddygol, neu efallai wedi clywed newyddion drwg ac yn chwilio am atebion i gwestiynau ynglŷn â'u hofnau.

2) Bod gyda *theulu'r* claf wrth ei wely angau pan fo hwnnw'n wynebu ei oriau neu ei funudau olaf ac i weddïo gyda'r teulu.

3) Bod yn gysur a gwrando ar ofidiau'r *staff* hefyd oherwydd yr anawsterau a'r ansicrwydd sy'n wynebu ein hysbytai heddiw.

Cynhelir oedfaon rheolaidd yng Nghapel yr Ysbyty. Bob

bore dydd Mawrth y cynhelir oedfa'r Anghydffurfwyr. Yr hyn sy'n rhyfedd, er bod y capel yno i bawb, pobl y tu fa's i'r ysbyty sy'n dod. Anfynych iawn y gwelwn un o'r cleifion neu aelod o'r staff yn yr oedfa. Un o'r rhesymau yw fod y meddyg yn gwneud ei 'rownds', neu efallai nad oes aelod o'r staff gyda'r henoed i ddod â'r claf i'r capel. Felly, nid oes amser cyfleus ar gael.

Yn ogystal â'r alwad i gynnal gwasanaeth a gweinyddu'r Cymun daw galwad weithiau i weinyddu'r Sacrament o Fedydd ar fabanod newydd eu geni – yn enwedig ar adegau o argyfwng. Mae'r Caplan ar alwad 24 awr y dydd. Rwy'n cael fy ngalw i'r ysbyty bron bob awr o'r dydd a'r nos.

Mae'n amhosibl ymweld â phob claf. Dim ond am ychydig ddyddiau (os nad oes rhywbeth mawr yn bod) y mae'r cleifion yn yr ysbyty. Efallai y byddant wedi cael triniaeth a'u hanfon adref cyn inni gael cyfle i ymweld â hwy. Anfantais i mi yw'r ffaith nad wyf yn gwisgo coler gron! Yn fynych iawn pan fyddaf yn cerdded i mewn i'r ward, a chyn i'r bobl sylweddoli beth yw 'ngwaith rwyf wedi cael fy ngalw yn Ddoctor. Mae cwrteisi yn bwysig hefyd wrth ymweld â'r cleifion. Gofyn yn gyntaf. Gwelwn rai ymwelwyr yn cerdded i mewn i'r ward, y tu allan i'r amser ymweld, gan anelu'n syth at y claf heb ofyn i'r clerc neu'r nyrs yn gyntaf a yw'r amser yn gyfleus.

Un o'r profiadau mwyaf ofnadwy a gawsom oedd ym mis Hydref 1999. Roedd meddyg ifanc wedi cael ei ddal yn gaeth yn ei ystafell gan ddyn o'r tu allan, gyda thun o betrol yn ei feddiant, a neb yn gwybod beth a allai ddigwydd. Parodd y gwarchae am yn agos i ddeuddydd! Roeddwn ar y ffordd i Gwrdd Diolchgarwch ym Methlehem, Trefdraeth a'r ffôn symudol yn canu. Galwad o'r ysbyty yn gofyn imi ddod yno cyn gynted ag oedd yn bosibl. Wedi egluro fy mod ar fy ffordd i'r oedfa yr ateb oedd "Well, come back immediately after the service".

Roedd y meddyg ifanc wedi gwneud cais – y peth cyntaf roedd e am ei wneud pe byddai'n cael ei ryddhau oedd cael oedfa yn yr ysbyty. Bûm yn disgwyl am oriau yn nhawelwch yr adeilad ac o'r diwedd fe ddaeth y newyddion da fod y meddyg wedi cael ei draed yn rhydd. Y peth cyntaf a wnaeth, ynghyd â nifer o'i ffrindiau, oedd mynd i'r Capel i weddïo a diolch i Dduw am ofalu amdano. Un o wardiau arbennig yr ysbyty yw Ward 10. Mae'r caplaniaid yn gweithio'n agos iawn gyda'r staff ac yn cael ein galw'n lled fynych i weld un o'r cleifion neu ei deulu. Mae'r staff yn bobl arbennig iawn. Os oes yna angylion yn rhywle, wel dyma nhw. Bûm yn eu cwmni droeon erbyn hyn ar wahanol achlysuron, yn llefain gyda nhw ac yn eu hanwesu wrth wynebu sefyllfa o weld bachgen ifanc 21 oed wedi marw neu hen wraig a'i dyddiau'n dod i ben.

Bûm yn gweinyddu mewn priodasau (death bed marriage) a gweld y staff i gyd wedi mynd allan o'u ffordd i baratoi ar gyfer yr achlysur drwy baratoi ffrog briodas, blodau i'r briodasferch, y gacen briodas, a gwneud y cyfan o fewn dwyawr. Ar un llaw, gweld dagrau o lawenydd yn llygaid pawb oedd yno, ac ar y llaw arall gweld y dagrau'n troi'n ddiferion o dristwch o fewn ychydig oriau wrth i'r briodasferch ymadael â'r byd hwn.

Dyma un profiad bythgofiadwy. Roedd un o'r cleifion wedi gwneud cais am Gymun a threfnais i fynd i'r ysbyty wedi oedfa prynhawn Sul. Pan gyrhaeddais roedd y nyrs wedi casglu ryw chwech neu saith o'r cleifion at ei gilydd ynghyd â nifer o'u teuluoedd. Euthum o amgylch pawb i wneud yn siŵr eu bod eisiau'r Cymun. Dywedodd un wraig nad oedd hi wedi cael ei derbyn yn aelod mewn capel ac nid oedd hi'n siŵr a ddylai gymryd y Sacrament. Eglurais wrthi, os oedd hi'n teimlo yr hoffai gymryd y bara a'r gwin bod croeso iddi wneud hynny. Dyna a ddigwyddodd. O fewn pythefnos roeddwn yn gwasanaethu yn ei hangladd hi.

Ychydig ddyddiau wedi'r angladd gelwais i weld y teulu. Rhoddodd y gŵr amlen yn fy llaw. Y tu mewn iddi roedd yna siec hael iawn yn rhodd i'r capel yng Nghasblaidd oherwydd dyna oedd dymuniad ei wraig fel arwydd o werthfawrogiad o'r profiad a gafodd y prynhawn Sul hwnnw.

Rai blynyddoedd yn ôl dyma'r ffôn yn canu tuag un o'r gloch y bore. Yr ysbyty oedd yno yn dweud fod un dyn yn wael iawn.

Ychydig o amser oedd ganddo i fyw ac roedd ei wraig eisiau'r Caplan i fod yno gyda hi. Ryw bum munud wedi imi gyrraedd bu farw'r gŵr, ac wedi imi offrymu gweddi wrth ochr y gwely cynigiais lifft adre i'w wraig. Am ryw reswm, car fy ngwraig oedd gennyf y noson honno ac wrth fynd o amgylch y gylchfan ar bwys yr ysbyty gwelais gar yr heddlu yn fy nilyn. Roedd y golau glas yn fflachio. Stopiais, a daeth dau heddwas allan, un yn cerdded o amgylch y car a'r llall yn tynnu ei lyfr bach allan.

"Do you realise it is an offence to only have one headlamp working on your car?" meddai.

Cyn imi gael cyfle i ateb gwaeddodd y weddw yn f'ymyl, "It's alright officer, my bloody husband is dead, and the Vicar is taking me home."

Trwy lwc, bu imi gael fy rhyddhau heb ddirwy o gwbwl.

Un prynhawn Sadwrn pan oeddwn yn paratoi i fynd i briodas ym Mhenybont dyma'r ffôn yn canu. Galwad o'r ysbyty. Roedd efeilliaid newydd eu geni, un ohonynt yn bur wael, a'r rhieni eisiau eu bedyddio. Eglurais fod gennyf briodas.

"The wedding can wait," meddai'r nyrs.

Euthum i'r ysbyty ac i'r Uned Gofal Arbennig i Fabanod lle cedwid yr efeilliaid mor gynted â phosibl. Nid oedd y ddau gyda'i gilydd yn pwyso pum pwys. Bedyddiais y cryfaf o'r ddau a'i roi yn ôl i'w dad. Cymerais yr ail oddi wrth ei fam ac wrth imi ei fedyddio bu farw yn fy mreichiau. Dyna brofiad fydd yn aros yn y cof am byth. Cefais sawl profiad hefyd ar hyd y blynyddoedd o fendithio plentyn a fu farw yn fuan wedi ei eni neu yn faban marw-anedig.

I grynhoi, mae'n rhaid dweud fod y caplaniaid yn gweithio fel tîm er lles y rhai sydd yn dymuno defnyddio'r gwasanaeth. Ceisiwn drin pawb gydag urddas, caredigrwydd, cwrteisi a pharch a gofalu amdanynt pa un ai a ydynt yn grefyddol neu beidio. Ceisiwn gynnal ein gilydd mewn gweddi.

Dywed Donald Peel yn *The Ministry of Listening* fod pobl sy'n diodde cyfnod o waeledd yn aml iawn yn chwilio am ateb i gwestiynau ynglŷn ag amcan a phwrpas bywyd. Dywed hefyd:

"But it is the sick in hospital who have an abundance of time to think are often happy to have someone to talk to, someone who will try to understand them 'where they are'. They need listeners with an accurate feel for what they consciously or unconsciously are groping for – listeners equipped by Christian conviction, training and experience to minister to them in very delicate, sometimes even rather public, circumstances."

Oes, mae llawer o brofiadau wedi digwydd imi yn ystod fy nhymor fel Caplan. Wrth edrych yn ôl mae ambell brofiad yn gwneud imi chwerthin fel y noson honno a'r "bloody husband" yn marw. Ar y llaw arall, mae yna brofiadau trist iawn wedi dod i'm rhan hefyd. Ond y cysur mawr yw, er mor ddigalon yr amgylchiadau'n aml, fod y mwyafrif helaeth o'r rhai sy'n dod i'r ysbyty yn gwerthfawrogi'r weinidogaeth hon yn fawr iawn.

EMYNAU AR
GYFER OEDFAON PENODOL

(Heb fod yn *Caneuon Ffydd*)

GWASANAETH MEWN YSBYTY

Tydi, O Grist fu'n rhoi
I gleifion gynt iachâd,
Rho gymorth in barhau â'th waith
O fewn ysbytai'n gwlad.

Tydi sy'n hawlio'r clod
Am alw rhai'n ddi-ffael
I lwyr gysegru'u dysg a'u dawn
Er mwyn iacháu y gwael.

Diolchwn am bob llaw
Sy'n gweini mor ddi-gŵyn
Wrth wely'r cleifion nos a dydd,
Mor dyner, er dy fwyn.

I'r rhai sy'n unig, rho
Dy nerth yn ôl y dydd;
Pan fyddant weithiau'n llesg a gwan,
O cadarnha eu ffydd.

Tydi sy'n lleddfu'r boen
A dwyn i'r caeth ryddhad,
Am hynny, Feddyg mawr y byd,
O derbyn ein mawrhad.

J Idris Evans

GŴYL DDEWI
(ar gyfer gwasanaeth ysgolion uwchradd)

Ein nefol Dad, O clyw ein cri,
Ar uchel ŵyl ein cenedl ni.
Rho gymorth i'th addoli di
Â newydd gân.
I'r rhai a berthyn iddi hi,
Rho galon lân.

Dysg inni gadw'n cred a'n ffydd,
A rhodio megis plant y dydd,
Nid mewn caethiwed, ond yn rhydd
I wneud ein rhan,
Can's hebot ti 'does arall sydd
A'n deil i'r lan.

Gwna ni yn llawen ar bob pryd,
Gan hau goleuni yn y byd,
A chofio am dy gariad drud,
Fel na bo'm drist.
Fe'n cyfoethogwyd oll i gyd
Gan Iesu Grist.

O Dduw, y gallu inni moes,
I ninnau wneuthur yn ein hoes
Y pethau bychain, er pob loes,
A wnaeth y sant.
Yn enw Iesu, Crist y Groes,
Clyw lef dy blant.

Dewi W Thomas

EMYN HEDDWCH

Arglwydd grasol, rho ddoethineb
I arweinwyr byd yn awr,
Sydd yn trefnu a rheoli
Tynged gwledydd, bach a mawr,
Planna ysbryd hedd a chariad
Yn eu calon bob yr un,
Fel y byddont oll mewn undeb
Yn cydweithio yn gytûn.

Cyfarwydda eu golygon
I gyfeiriad Calfarî,
Fel y gwelont rym y cariad
Ddaw â hedd i'n daear ni;
Gosod sylfaen eu delfrydau
Ar gyfiawnder yr awr hon,
Gwared rhag i ysbryd rhyfel
Gael llochesu dan eu bron.

Dysga hwy i barchu rhyddid,
Dysg hwynt hefyd drugarhau,
Dyro iddynt ras i faddau
Pob rhyw drosedd, pob rhyw fai,
Arwain hwy i'r gwir oleuni,
Agor iddynt lwybyr clir
I sefydlu teyrnas heddwch
Hyd derfynau môr a thir.

T Elwyn George

GŴYL RHINWEDD A MOES

O Arglwydd rhyfeddol y nefoedd,
  Llywiawdwr holl fywyd y llawr,
O crea o'm mewn ysbryd newydd
  I'th ddilyn yn ffyddlon yn awr.
Anadla yn ffroenau fy enaid,
  A mowldia fy mywyd i'th wedd,
I rodio â'r haul ar fy wyneb
  I hyfryd drigfannau dy hedd.

O deued y dyddiau O Arglwydd,
  Pan welir y bobloedd yn un,
Yn dilyn yn ôl traed yr Iesu
  I'r bywyd sy'n harddach ei lun.
O cod fi o'r düwch a'r dryswch
  Sy'n dal fel cadwynau o ddur,
Rhyddha fi i'th hyfryd ehangder
  I rodio mewn golau sy'n bur.

Pan weli fy nghariad, O Arglwydd,
  At bethau tragwyddol y nef,
Fel marwor â'i dân bron â darfod,
  O anfon yr anadl gref;
A bydded, â'm calon yn llosgi,
  A fflamau sy'n wynias o ffydd,
I'm gyrraedd â'r haul ar fy wyneb,
  Yn nheyrnas dragwyddol y dydd.

D Huw Roberts

EDIFEIRWCH WRTH FWRDD YR ARGLWYDD

Yn wylaidd, Arglwydd Iesu,
 Y deuwn at dy fwrdd,
Gan addef nad oes inni
 Na'r gras na'r hawl i'th gwrdd.
Ond gwyddom dy fod yma
 Ymhlyg wrth borth y wledd
I'n derbyn â'th faddeuant
 Yn swper mawr dy hedd.

Fe rown dy gorff yn fara
 Ar edifeiriol fin,
A gwelwn liw'n heuogrwydd
 Yn nafnau gwaed y gwin,
Ond llw a wnawn i gefnu
 Ar bell, afradlon stad,
Gan droi i gyrchu adre
 At groeso Duw ein Tad.

Mewn ffydd, O Grist, fe'th gofiwn,
 Yn olaf lef dy loes,
A'th gael ar ddelw'r cyfiawn
 Yn fyw yng Ngardd y Groes,
Ac yno, drwy'r cyfamod,
 Cawn rym sy'n fwy na'r byd,
A sicrwydd y sylweddau
 Sy'n llawn gobeithion drud.

I Ti, O Dduw'r gogoniant,
 Y rhoddwn glodydd llawn,
Am iti, Iôr, yn Iesu
 Ein hachub un prynhawn:
Cymeraist glwy ein pechod
 I gyd i'th galon lân,
A hon yw'r feddyginiaeth
 Sydd inni'n fythol gân.

D Gerald Jones

123

SEFYDLU GOFALAETH NEWYDD

Ti, Greawdwr Gwlad y Bryniau,
  Clyw yn awr ein diolch ni,
Deuwn ger dy fron yn wylaidd
  I fawrhau dy enw Di,
    Gwnawn o'r newydd
Ein cyfamod gyda'n Duw.

Gwna ni'n fur o fewn dy Eglwys
  Yn ôl deddfau Crist ei hun –
Teulu'r Ffydd yng ngwres d'efengyl
  Yn cydweithio yn gytûn,
    Gwna ni'n deilwng
O genhadaeth Mab y Saer.

Cofia, Dad, am waith dy gennad
  Yn ein plith, rho iddo'r gras
I'n cyfeirio, doed a ddelo,
  I wrteithio'r winllan las.
    Dwg ein henaid
I borfeydd y Bugail Mawr.

Cadw'n ffydd, O Dduw, wrth weled
  Dy ddilynwyr yn prinhau,
Pan fo'r nos yn cau amdanom
  Y mae'r wawr yn agosáu:
    Gad in brofi
Grym y Gair yn Nhŷ ein Tad.

              Eirwyn George

EMYN CYNHAEAF

Tydi, O Grëwr nef a llawr,
　Mor deilwng wyt o'r clod
Am ryfeddodau'r gofod mawr
　A phob peth sydd yn bod;
Na foed i ni ddifwyno gwaith
Dy ddwylo Di drwy'r oesau maith.

Tydi a luniaist ddeddfau cudd
　I'r ddaear roi ei chnwd,
Gan ddarpar bara in bob dydd
　Trwy lafur gweithwyr brwd;
Rho inni, Arglwydd, archwaeth gref,
A gad in flasu Bara'r nef.

Tydi yn dy Ragluniaeth hael
　Sy'n cynnal dynol-ryw,
A rhoi tymhorau yn ddi-ffael,
　Ac awyr iach i fyw;
Dy gariad drud sydd yn ddi-drai,
Yn llifo'n bur er maint ein bai.

Tydi sy'n gwynnu maes y grawn,
　Ac yn bendithio'r ŷd,
Yn rhoddi ysguboriau llawn
　I borthi yr holl fyd;
O planna d'ysbryd ynom ni,
I rannu'n deg dy wyrthiau Di.

D J Thomas

DARLLEN PELLACH

Cyffredinol

T Rees a J Thomas, *Hanes Eglwysi Annibynnol Cymru, Cyfrol 3,* Lerpwl, 1873

T Rees a J Thomas, *Hanes Eglwysi Annibynnol Cymru, Cyfrol 5,* Dolgellau, 1881

D J Roberts (gol), *Braslun o Hanes Eglwysi Annibynwyr Gogledd Penfro a De Ceredigion,* E L Jones, Aberteifi, 1970

Eirwyn George (gol), *Braslun o Hanes Eglwysi Annibynnol Godre'r Preselau:* Undeb yr Annibynwyr Cymraeg, Gwasg John Penry, 1990

E Stanley John, "Golwg ar ddechreuadau Ymneilltuaeth ym Mhenfro gyda chyfeiriad arbennig at yr achos ym Mrynberian", *Y Cofiadur,* Rhif 56, tt. 4-24, Cymdeithas Hanes yr Annibynwyr, Mai 1991

Llyfrau a gyhoeddwyd gan yr eglwysi

J Lloyd James (Clwydwenfro), *Hanes Hebron a Nebo,* 1903

D Myddfai Thomas, *Hanes Penygroes ac Antioch,* 1924

Moelwyn Daniel, *Hanes Eglwys Tabernacl Maenclochog,* 1944

Caleb Morris, *Hanes Eglwys Ebeneser Trefdraeth,* 1945

William Gordon Owen ac William Denley Owen, *Canmlwyddiant Cefnypant,* 1978

Hywel T Jones, *Trem ar Draws Hanes Nebo, Efailwen,* 1990

Hywel T Jones, *A Brief History of Bethesda, Llawhaden,* 1990

S Idris Evans, *Braslun o Hanes Eglwys Annibynnol Bethel, Trewyddel,* 1991

Eirwyn George, *Braslun o Hanes Eglwys Annibynnol Seilo, Tufton,* 1992

E Stanley John, *Braslun o Hanes Eglwys Ebeneser Wdig,* 2004

Dewi Lloyd Lewis, *Moriah Blaenwaun,* 2004

Ray Samson, *Hanes Eglwys Annibynnol Llwyn-yr-hwrdd,* 2005

John Francis (gol) *Hanes Capel Cana Felindre Farchog,* 2007

Geoffrey Eynon, *Hanes Capel y Fwrd / The Story of Ford Chapel,* 2007

Cofiannol

Azariah Shadrach, *Cerbyd o Goed Libanus: ynghyd â hanes byr o fywyd yr awdur,* D Jenkins, Aberystwyth, 1840

J R Thomas, *Cofiant y Parch Simon Evans, Hebron,* Joseph Williams, Merthyr Tydfil, 1886

O L Roberts, *Cofiant y Parch O R Owen, Glandŵr a Lerpwl,* Evans Sons a Foulkes, 1909

J Hywel Thomas a J Tegryn Phillips, *Cyfrol Goffa Gweinidogion Annibynnol Penfro,* Joseph Williams, Merthyr Tydfil, 1933

T Eirug Davies, *Prifathro Thomas Rees,* Gomer, 1934

H T Jacob, *Atgofion H T Jacob,* Gwasg John Penry, 1960

Brinley Richards, *Cofiant Trefin,* Tŷ John Penry, 1963

Eluned Phillips, *Dewi Emrys,* Gomer, 1971

J Derfel Rees, *Blas ar Fyw,* Tŷ John Penry, 1980

Ieuan Davies, *Joseph James,* Tŷ John Penry, 1983

Dewi W Thomas, *Cysgodau'r Palmwydd,* Tŷ John Penry, 1988

Ieuan Davies, *Lewis Tymbl,* Tŷ John Penry, 1989

Huw Ethel, *Curig,* Tŷ John Penry, 1992

Eirwyn George, *Gwŷr Llên Sir Benfro yn yr Ugeinfed Ganrif,* Gwasg Gwynedd, 2001

Am restr gyflawn o lyfrau'r Lolfa, mynnwch
gopi am ddim o'n catalog
neu hwyliwch i mewn i'n gwefan

www.ylolfa.com

lle gallwch archebu llyfrau ar-lein.

TALYBONT CEREDIGION CYMRU SY24 5HE
ebost ylolfa@ylolfa.com
gwefan www.ylolfa.com
ffôn 01970 832 304
ffacs 832 782